Gestão da cultura e do clima organizacional da escola

SÉRIE CADERNOS DE GESTÃO
Heloísa Lück

- *Gestão educacional: uma questão*
paradigmática – Vol. I
- *Concepções e processos*
democráticos de gestão educacional – Vol. II
- *A gestão participativa na escola* – Vol. III
- *Liderança em gestão escolar* – Vol. IV
- *Gestão da cultura e do clima organizacional da escola* – Vol. V
- *Perspectivas da avaliação institucional da escola* – Vol. VI
- *Avaliação emonitoramento do trabalho educacional* – Vol. VII
- *Gestão do processo de aprendizagem pelo professor* – Vol. VIII

Dados Internacionais de Catalogação na Publicação (CIP)
(Câmara Brasileira do Livro, SP, Brasil)

Lück, Heloísa
    Gestão da cultura e do clima organizacional da escola /
Heloísa Lück. 2. ed. – Petrópolis, RJ : Vozes, 2011. –
(Série Cadernos de Gestão)

    7ª reimpressão, 2024.

    ISBN 978-85-326-4025-3

    1. Ambiente escolar 2. Cultura organizacional 3. Escolas –
Administração e organização 4. Escolas – Aspectos sociais
5. Gestão educacional 6. Pedagogia 7. Sociologia educacional
I. Título. II. Série.

10-05129   CDD-371.2

Índices para catálogo sistemático:

1. Gestão da cultura e do clima organizacional
    da escola : Administração : Educação   371.2

Heloísa Lück

Gestão da cultura e do clima organizacional da escola

Petrópolis

© 2010, Editora Vozes Ltda.
Rua Frei Luís, 100
25689-900 Petrópolis, RJ
www.vozes.com.br
Brasil

Todos os direitos reservados. Nenhuma parte desta obra poderá ser reproduzida ou transmitida por qualquer forma e/ou quaisquer meios (eletrônico ou mecânico, incluindo fotocópia e gravação) ou arquivada em qualquer sistema ou banco de dados sem permissão escrita da editora.

CONSELHO EDITORIAL

Diretor
Volney J. Berkenbrock

Editores
Aline dos Santos Carneiro
Edrian Josué Pasini
Marilac Loraine Oleniki
Welder Lancieri Marchini

Conselheiros
Elói Dionísio Piva
Francisco Morás
Gilberto Gonçalves Garcia
Ludovico Garmus
Teobaldo Heidemann

Secretário executivo
Leonardo A.R.T. dos Santos

PRODUÇÃO EDITORIAL

Aline L.R. de Barros
Marcelo Telles
Mirela de Oliveira
Otaviano M. Cunha
Rafael de Oliveira
Samuel Rezende
Vanessa Luz
Verônica M. Guedes

Conselho de projetos editoriais
Luísa Ramos M. Lorenzi
Natália França
Priscilla A.F. Alves

Editoração: Elaine Mayworm
Diagramação: AG.SR Desenv. Gráfico
Capa: WM design

ISBN 978-85-326-4025-3

Este livro foi composto e impresso pela Editora Vozes Ltda.

"Talvez não tenhamos conseguido fazer o melhor,
mas lutamos para que o melhor fosse feito.
Não somos o que deveríamos ser,
Não somos o que iremos ser,
Mas, graças a Deus,
Não somos o que éramos."
Martin Luther King

"Nosso mérito reside em trabalharmos
não apenas como somos, mas orientados por
uma determinação
do melhor que podemos ser e fazer."
Heloísa Lück

Dedicatória

A série Cadernos de Gestão é dedicada a um conjunto bastante grande de pessoas com as quais tenho tido a oportunidade e o privilégio de me relacionar e conviver, e que, por sua dedicação ao trabalho em prol da educação, e a vontade de continuar aprendendo para aprimorar sua atuação profissional, têm me estimulado a continuar escrevendo e divulgando ideias relacionadas ao trabalho educacional, em especial sobre sua gestão.

• A gestores de estabelecimentos de ensino brasileiros que acreditam na importância da escola para a formação de nossas crianças, jovens e adultos, bem como na importância de seu papel para promover essa formação com qualidade. A partir dessa crença, vêm exercendo uma competente liderança voltada para a formação de comunidades escolares coesas e comprometidas com a promoção de educação de qualidade. Da mesma forma, a partir dessa atuação, tanto pelo que ensinam como pelo que demonstram, ao mesmo tempo seus alunos aprendem a se tornar cidadãos capazes e atuantes, e a viverem vidas mais satisfatórias e realizadas. Fazem-no mediante o esforço pelo desenvolvimento de diversos fatores, como por exemplo: a) uma cultura organizacional escolar caracterizada por participação e envolvimento de todos, de forma colaborativa, na superação das naturais dificuldades do processo educacional e seus desafios; b) competência pedagógica orientada para a gestão de processos sociais de aprendizagem significativa; c) unidade e direcionamento proativo no enfrentamento dos desafios educacionais.

• A todos que, com dedicação, atuaram e atuam como coordenadores estaduais da Renageste – Rede Nacional de Referência em Gestão Educacional, do Consed – Conselho Nacional de Secretários de Educação, e tantos quantos participam dessa Rede, por sua dedicação voluntária ao estudo e promoção de experiências inovadoras em gestão educacional, sua disseminação e o intercâmbio das mesmas. Dessa forma, deram vitalidade a suas comunidades educacionais, acreditando no princípio de que pequenos núcleos mobilizados para a transformação e melhoria, quando conectados em rede, promovem transformações significativas em seus contextos educacionais.

• Também aos coordenadores, nas Secretarias Estaduais de Educação, do Prêmio Nacional de Referência em Gestão Escolar, um projeto do Consed em parceria com a Undime, Unesco e Fundação Roberto Marinho, que assumem esse encargo extra em seu trabalho de gestão para disseminar a prática de autoavaliação, pelas escolas, no que se refere ao trabalho escolar, como condição de melhoria de seu desempenho. Por sua atuação comprometida, têm contribuído para criar a necessária cultura da autoavaliação em nossas escolas, fundamental para o estabelecimento de ações focadas na melhoria contínua dos processos educacionais pelos quais são responsáveis.

• Aos gestores escolares que lideraram em suas escolas a realização de um movimento de autoavaliação de seus processos de gestão escolar e se inscreveram no Prêmio Nacional de Referência Escolar, contribuindo, desse modo, para o reforço e a melhoria dessas práticas de gestão e disseminação de boas práticas e referências positivas. Sobretudo empenhando-se, pela autoavaliação, na construção de ambientes e experiências escolares mais efetivas para a estimulação, orientação e promoção da aprendizagem e formação de todos os seus alunos.

Em especial, este livro é dedicado aos inúmeros profissionais da Educação que têm lido meus artigos esparsos e manifestado, quando nos encontramos nos mais diversos eventos, seminários e cursos de educação, sua satisfação em tê-los lido e deles terem tirado alguma inspiração para orientar novos esforços pela melhoria da educação. Suas manifestações revelam seu entusiasmo por estudar, refletir sobre seu trabalho e buscar construir estratégias e formas para a melhor atuação, atitudes que têm me estimulado a fazer o mesmo.

Heloísa Lück
Cedhap – Centro de Desenvolvimento Humano Aplicado
cedhap@cedhap.com.br
Fone e fax: (41) 3336-4242

Sumário

Apresentação dos Cadernos de Gestão, 15

Apresentação deste volume, 19

Introdução, 29

1 O contexto dos estudos do clima e da cultura organizacional da escola, 34 • 2 Proposições associadas ao enfoque do clima e da cultura organizacional da escola, 42

I Explicitação do significado de clima e de cultura organizacional da escola, 51

1 A metáfora do *iceberg* para representar o caráter subjacente da cultura, 56 • 2 Explorando os conceitos de clima e cultura organizacional, 62 • 3 Em que consiste clima organizacional, 65 • 4 Em que consiste cultura organizacional, 70 • 5 Cotejamento de distinções relativas entre os conceitos de clima e cultura organizacional, 77 • 6 Dimensões do clima e da cultura organizacional da escola, 79

II O espaço sociocultural da escola e seu cotidiano, 83

1 A escola como organização social, 85 • 2 O cotidiano escolar e a regularidade de suas práticas, 88 • 3 A relação entre aprendizagem e mudança da cultura organizacional, 95 •

4 Culturas abertas e culturas fechadas, 98 • 5 Funções da cultura organizacional, 104 • 6 A relação entre o individual e o coletivo na cultura organizacional, 107

III Como o clima e a cultura organizacional são formados na escola, 111

1 A formação de subculturas, 121 • 2 O papel da liderança na formação do clima e da cultura organizacional, 127 • 3 Os valores subjacentes da cultura organizacional da escola, 131 • 4 O que as pessoas pensam orienta a forma como agem, 133 • 5 O papel do discurso na formação e sustentação do clima e da cultura organizacional, 136

IV O desenvolvimento da cultura educacional na escola e os desafios de mudança da cultura organizacional, 139

1 Diferenças entre cultura organizacional e cultura educacional e suas articulações, 140 • 2 Como são as práticas em escolas efetivas, 144

Palavras finais, 159

Referências bibliográficas, 173

Anexos, 181

Anexo 1 Questionário de avaliação da cultura organizacional da escola, 183
Anexo 2 Avaliação de características da cultura escolar, 187

Índice de figuras

Figura 1 – Elementos da cultura organizacional da escola, 61

Figura 2 – Convergência entre cultura educacional e cultura organizacional, 142

Índice de quadros

Quadro 1 – Resenha sobre o clima organizacional da escola, 69

Quadro 2 – Resenha da cultura organizacional da escola, 75

Quadro 3 – Cotejamento de distinções relativas entre os conceitos de clima e cultura organizacional, 78

Quadro 4 – Características do clima e da cultura organizacional da escola, segundo aspectos e dimensões de seu ambiente, 80

Apresentação dos Cadernos de Gestão

O que são gestão educacional e gestão escolar? Qual a relação entre gestão e administração? Qual a natureza do processo de gestão? Quais seus desdobramentos, dimensões e estratégias na escola? Quais as peculiaridades da gestão democrática participativa? Quais suas demandas sobre o trabalho dos gestores escolares? Quem são esses gestores? Que desafios são enfrentados pelos gestores em Educação? Que ações de liderança são necessárias no trabalho de gestão? Quais as dimensões da gestão educacional? Como planejar, organizar e ativar estrategicamente o trabalho da escola? Como avaliar o trabalho da gestão escolar e a atuação da escola? Que aspectos interferem na gestão escolar e como podem ser trabalhados?

Estas são algumas questões que os **Cadernos de Gestão** abordam, com o objetivo de contribuir para que diretores, supervisores, coordenadores e orientadores educacionais reflitam sobre as bases da gestão, para o norteamento de seu trabalho de forma conjunta e integrada, assim como para que profissionais responsáveis pela gestão de sistemas de ensino compreendam processos da escola e do efeito de seu

Gestão da cultura e do clima organizacional da escola

próprio trabalho sobre a dinâmica dos estabelecimentos educacionais. Também constituem uma contribuição para que professores se familiarizem com concepções e processos de gestão, como condição para que, como membros da escola, participem de forma efetiva do processo de planejamento do projeto pedagógico e de sua gestão.

Os **Cadernos de Gestão** integram, em vários volumes, questões específicas de gestão, procurando contribuir para: a) a iniciação, nessas questões, de alunos de cursos de Formação para o Magistério e de Pedagogia; b) a integração entre reflexão e ação por profissionais que atuam em âmbitos de gestão educacional e escolar; c) o estudo, crítico por parte dos alunos de cursos de pós-graduação com foco em gestão educacional e gestão escolar, a respeito dos vários fundamentos e desdobramentos dessas áreas de atuação; d) a identificação, entre pesquisadores, de elementos e aspectos de gestão que estimulam a reflexão e servem como objeto na formulação de questões de investigação na área.

Os **Cadernos de Gestão** são, portanto, de interesse de profissionais que atuam em gestão escolar (diretores, vice-diretores, diretores auxiliares ou adjuntos, supervisores, coordenadores e orientadores educacionais), assim como aqueles que são responsáveis, no âmbito macro, pela gestão de sistemas de ensino e orientação desse trabalho, a partir de núcleos, diretorias regionais, superintendências, departamentos, divisões de gestão educacional. Os acadêmicos de cursos de Pedagogia e de Pós-graduação que tratam sobre gestão escolar e gestão educacional encontrarão aqui referências que procuram integrar questões práticas e teóricas, de modo a oferecer-lhes base para a reflexão sobre fundamentos, princípios, práticas e conceitos dessa área.

Espera-se, com esta sistematização de material produzido pela autora, a partir de sua experiência como profissional de vários níveis do ensino, consultora de sistemas de ensino e docente em cursos de capacitação de gestores educacionais de várias graduações, e como gestora de sistema de ensino e de instituições educacionais, contribuir para a reflexão sobre as questões propostas. Espera-se, em última instância, a partir dessa reflexão, contribuir para o estabelecimento de ações de gestão mais consistentes e orientadas para a efetivação de resultados educacionais mais positivos, tendo como foco a aprendizagem dos alunos e sua formação.

Ressalta-se que a gestão educacional, realizada em caráter amplo e abrangente, do sistema de ensino, e a gestão escolar, referente à escola, constituem-se como áreas estruturais de ação na determinação da dinâmica e da qualidade do ensino. Isso porque é pela gestão que se estabelece unidade, direcionamento, ímpeto, consistência e coerência à ação educacional, a partir de paradigma, ideário e estratégias adotadas para tanto. Porém, é importante ter em mente que a gestão é uma área-meio, e não um

Gestão da cultura e do clima organizacional da escola

fim em si mesmo. Em vista disso, o necessário reforço que se dá à gestão visa, em última instância, o aprimoramento das ações e processos educacionais, voltados para a melhoria da aprendizagem dos alunos e sua formação, sem o que aquela gestão se desqualifica e perde a razão de ser. Em suma, aperfeiçoa-se e qualifica-se a gestão para maximizar as oportunidades de formação e aprendizagem dos alunos. A boa gestão é, pois, identificada, em última instância, por esses resultados.

Com essas questões em mente, a proposta dos **Cadernos de Gestão** é a de cobrir aspectos fundamentais e básicos da gestão em Educação com o objetivo de contribuir para que se possam vislumbrar os processos em sua abrangência e também em sua especificidade, e, dessa forma, estimular e nortear a reflexão sobre a gestão educacional como ação objetiva e concreta orientada para resultados educacionais.

Para o momento são destacados 13 assuntos para compor a Série Cadernos de Gestão, dos quais já foram publicados *Gestão educacional: uma questão paradigmática* (Vol. I), *Concepções e processos democráticos de gestão educacional* (Vol. II), *A gestão participativa na escola* (Vol. III) e *Liderança em gestão escolar* (Vol. IV). A lista de assuntos poderá aumentar segundo os desdobramentos que se faça a eles, de acordo com os interesses gerados para seu aprofundamento.

Heloísa Lück
Cedhap – Centro de Desenvolvimento Humano Aplicado

Apresentação deste volume

Reconhece-se que escolas situadas numa mesma região e até mesmo próximas umas das outras, atendendo a populações semelhantes, com condições físicas e materiais similares, podem apresentar características inteiramente diferentes entre si, em seu modo de ser e de fazer, além de ensino de qualidade diferenciada. Em alguns desses estabelecimentos de ensino pode-se observar um grande entusiasmo pelo trabalho, um espírito positivo no enfrentamento de dificuldades, a adoção com sucesso de medidas criativas e inovadoras de superação de entraves, enquanto que em outros verificam-se falta de rumo, conservadorismo, tendência a buscar desculpas e justificativas para todos os problemas ocorridos em seu interior, e uma falta de ânimo e omissão de seus gestores e professores em esforçar-se por superá-los. Nestas escolas os problemas são considerados como impeditivos da ação educativa, em vez de aspectos imanentes do complexo processo de gestão e ensino, cujo enfrentamento é, por sua própria natureza, parte do processo educativo; naquelas, os problemas são percebidos como desafios para a realização do trabalho escolar, que são assumidos

Gestão da cultura e do clima organizacional da escola

com naturalidade. Nestas, falta unidade de trabalho e são observados interesses individuais e corporativos influenciando as ações e a tomada de decisões, ao passo que naquelas observa-se a existência de um esforço coletivo e mobilização conjunta para construir uma instituição de ensino em que a busca pela melhoria da qualidade se constitui a marca predominante, de modo que seus alunos possam aprender sempre mais e melhor.

Desse modo, seguindo a lógica da busca da melhoria contínua e o desenvolvimento da competência de gestão em Educação, é importante ter em mente que rotular algumas escolas como boas e outras como ruins e simplesmente considerar essas diferenças como dadas e estabelecidas em nada contribui para a melhoria e o desenvolvimento da educação pretendida, como também não corresponde ao trabalho de gestão escolar. Isso porque gestão é processo de enfrentamento de desafios e não de classificação de problemas. Compete, pois, a gestores educacionais e escolares responsáveis pela qualidade do ensino oferecido no sistema educacional e em suas escolas, compreender os fatores que produzem essas diferenças, de modo a mais qualificadamente exercerem sua gestão no sentido de elevar a qualidade do trabalho de todas as escolas e colocá-las todas em condições de oferecer a seus alunos a formação e aprendizagens necessárias para que possam assumir o desenvolvimento de suas vidas positivamente. Em vista disso, aspectos relacionados a essas condições são importantes elementos para a atenção e o esforço contínuo dos gestores escolares, de modo a compreendê-las, como, por exemplo: Por que ocorrem essas diferenças? Quais suas formas de expressão? Como elas se formam e se constituem? Que fatores e circunstâncias particulares contribuem para sua formação e manutenção? Como a prática de gestão tem considerado essas diferenças e atuado em relação a elas?

Reconhece-se que essas diferenças são construídas ao longo da história da escola, mediante a influência de um conjunto de fatores, como, por exemplo: os padrões de autoridade e estilo de liderança exercidos; as relações interpessoais e de poder praticados; os valores e as crenças disseminados e assumidos; os estilos de comunicação e relacionamento interpessoal adotados; as formas de organização do trabalho estabelecidos, sua distribuição e sua implementação; as reações dos grupos de pessoas diante dos desafios enfrentados; as reações a influências externas, como determinações impostas e orientações propostas pelo sistema de ensino a que pertencem; os recursos que lhes são disponibilizados; as reações a influências internas, como a estrutura escolar, suas condições materiais de trabalho; o nível de capacitação dos que atuam na escola e sua orientação profissional; o tamanho da escola etc.

Consequentemente, os gestores educacionais, para poderem influir nos processos educativos da esco-

Gestão da cultura e do clima organizacional da escola

la, em acordo com seu papel e responsabilidade assumidos, necessitam compreender a influência desses aspectos na constituição do modo de ser e de fazer do colégio, envolvendo, dentre outros aspectos, a reação das pessoas aos desafios apresentados à escola, seu modo de representar e enfrentar esses desafios – isto é, do seu clima e da cultura organizacional.

Qual a utilidade das iniciativas orientadas para essa compreensão? O que se pode aprender com seu estudo? Somos do parecer que estudar o modo de ser e de fazer da escola, e buscar compreender os aspectos que os produzem e sustentam, constitui importante condição para que gestores possam atuar em relação aos fatores que criam e mantêm esse processo cultural, a fim de que possam atuar com bases mais sólidas e bem fundamentadas e exerçam, de modo efetivo, a responsabilidade que assumem de liderar e orientar o modo de ser e de fazer da escola. Aliás, a partir de uma análise objetiva e crítica, poderão até mesmo surpreender-se, ao verificarem que grande parte das situações identificadas, sejam elas positivas ou inadequadas, do ponto de vista educacional, ocorrem a partir da influência de seu próprio desempenho e exercício de liderança[1] na escola ou sobre a escola. Um texto baseado em estudos

---

1. Ver, a respeito das expressões de liderança pelos gestores escolares, o livro *Liderança em gestão escolar*, da série Cadernos de Gestão, da autoria de Heloísa Lück, publicado pela Editora Vozes.

sobre o trabalho do diretor escolar (Office of Educational Research and Improvement, 1999) identifica que o diretor da escola, como seu líder, não apenas influencia, mas também molda o modo de ser e de fazer. E pode fazê-lo tanto positivamente no que se refere à realização das responsabilidades educacionais da escola, como negativamente, na medida em que deixa de oferecer os necessários balizamentos, correções de rumos e marcações educacionais aos fazeres espontâneos da coletividade escolar.

O clima e a cultura organizacional escolar constituem-se na ambiência em que se realiza o processo humano-social do fazer pedagógico, o qual expressa a personalidade e características dessa ambiência. Daí porque permearem a escola como um todo e se constituírem na tecedura de fatos, eventos, reações, ideias, comportamentos, atitudes, expressões verbais ou não verbais, com determinados coloridos e emoções, que se desenham na urdidura da tela educacional. Representam, pois, conceitos importantíssimos na determinação da qualidade do ensino e de seus resultados. Sobretudo ao se verificar que a cultura em algumas escolas inibe inovação e mudança e, em outras, acolhem-nas e sustentam-nas, sejam elas de iniciativa externa ou interna (Institute of Education, 1998).

Sabe-se que a escola é uma organização social e, como tal, desenvolve uma personalidade própria, sobretudo de acordo com a liderança nela exercida e

Gestão da cultura e do clima organizacional da escola

com a orientação geral de seu modo de ser e de fazer; com a competência de seus atores e sua predisposição em relação ao trabalho que realizam e responsabilidades que assumem; com seu modo de atuação que traduz e expressa valores, interesses, crenças, opiniões, concepções sobre o trabalho educacional; com os estilos assumidos no enfrentamento aos desafios, as relações interpessoais, a comunicação, os objetivos reais expressos em suas ações, dentre outros aspectos, isto é, a partir da atuação de seu elemento humano coletivamente organizado. Todos estes aspectos constituem o clima e a cultura organizacional da escola, expressos em seu cotidiano, como ambiente e campo de realização das ações educacionais, cuja qualidade e resultados são determinados por esses fatores.

Uma escola é, pois, um sistema de ações e reações, de iniciativas e omissões expressas por conjuntos de pessoas, de forma explícita ou tacitamente, de modo a alcançarem objetivos almejados pelo grupo, sejam eles de caráter social ou individual, de médio e longo prazos ou imediatos, de enfoque educacional ou corporativista, dentre outros aspectos que podem influenciar o comportamento humano.

Conclui-se, por conseguinte, que o entendimento dessas questões e a compreensão de suas expressões, sua motivação e seus significados e das forças que mantêm sua coesão é condição fundamental que qualifica a capacidade de influenciá-las de maneira efetiva. Dessa forma, a observação, a análise crítica e a interpretação de significados e percepções dos elementos que sustentam e expressam o clima e de cultura organizacional escolar constituem-se em uma estratégia importante da ação de gestão tanto educacional como escolar[2], tendo em vista a necessidade de que essa cultura e clima se configurem em condição positiva e favorável na determinação da qualidade de ensino que seus alunos precisam receber, a fim de que suas experiências educacionais os levem a desenvolver condições pessoais e competências sociais importantes para uma vida produtiva e feliz.

Portanto, a gestão da cultura e do clima organizacional da escola constitui-se em fundamental dimensão de trabalho da gestão escolar, em vista do que os gestores escolares precisam dedicar grande e contínua atenção focada no modo coletivo de ser e de fazer da escola, em suas tendências de ação e reação, seus humores, suas relações interpessoais e grupais, dentre outros aspectos.

---

2. Gestão educacional corresponde ao conjunto de esforços de organização, liderança, coordenação e orientação da aplicação de políticas educacionais propostas por sistemas de ensino para todas as suas escolas e assumidos pelos atores de âmbito macro desses sistemas. Gestão escolar corresponde ao conjunto de esforços de organização, liderança, coordenação e orientação da aplicação do projeto político-pedagógico definido no âmbito da escola, para a realização de suas responsabilidades educacionais, assumidas por sua equipe de gestão, sob a liderança de seu diretor e equipe de gestão.

Gestão da cultura e do clima organizacional da escola

Por conseguinte, a capacidade do gestor de conhecer e compreender o clima e a cultura organizacional da escola corresponde à sua possibilidade de agir efetivamente como líder e orientador do trabalho escolar para a viabilização de objetivos educacionais de elevado valor social, tendo como foco os interesses e necessidades de formação e de aprendizagem de seus alunos. A proposição de sua atuação efetiva passa por essa compreensão, que, como um termômetro, demonstra a variação de temperatura e a necessidade de se propor ações adequadas a essa variação. De fato, a efetividade da gestão escolar implica a capacidade dos gestores de estabelecer a convergência entre duas áreas: i) os fundamentos, as diretrizes, os princípios e os objetivos educacionais que fazem parte das políticas educacionais de sistemas e instituições de ensino; ii) o clima e a cultura organizacional, que expressam os valores, crenças, pressupostos e outros fatores subliminares pelos quais são interpretadas as circunstâncias do ambiente escolar e demandas sobre a escola, de modo que se reconheçam, aproximem e se correspondam aqueles aspectos com estes, aproximando propostas e realidade. É condição para que os fundamentos, diretrizes, princípios e objetivos sejam adequadamente formulados, construídos e interpretados à luz da realidade em que serão aplicados e sejam devidamente traduzidos para os atores, assim como esses atores, coletivamente organizados, compreendam os desafios próprios de organização de seu ambiente para tal implementação. Quanto mais profundamente o gestor conhecer essa dinâmica, mais efetivamente poderá exercer sua liderança para a promoção de bons resultados educacionais.

Qual, pois, o papel do gestor escolar em relação ao clima e à cultura organizacional? Como pode conhecê-la, analisá-la e avaliá-la? Como pode mais efetivamente influenciar seu desenvolvimento educacional? Que desafios o gestor enfrenta nesse trabalho? Estas são algumas das questões que este livro trata, com o objetivo de contribuir para que se possa lançar um olhar ao mesmo tempo observador e analítico-crítico sobre essa importantíssima dimensão do trabalho da gestão escolar, com vistas a fundamentar e orientar sua maior efetividade no sentido da constituição de comunidades escolares pautadas por valores educacionais efetivos, por princípios consistentes, e pela unidade de ação norteada por todos esses aspectos.

Introdução

Uma organização social, tal como a escola, é constituída por uma variedade de forças (um campo de forças) que se influenciam reciprocamente, definindo, segundo as tendências assumidas (sempre sujeitas a variações), uma personalidade. Esse campo de forças é sobremaneira determinado pelo modo como as pessoas agem e reagem, a partir de valores, crenças, mitos e modos convencionais de percepção. Quando o campo de forças está desencontrado, elas se anulam reciprocamente, gerando instabilidade, insegurança, falta de direcionamento, e conduzindo o trabalho ao ativismo. Quando as forças nesse campo são convergentes, elas se maximizam e formam uma dinâmica orientada para o sentido das forças predominantes. Essa convergência, no entanto, nem sempre está concentrada no atendimento a diretrizes educacionais, na realização de seus objetivos e na atenção aos interesses de desenvolvimento dos alunos.

Os conceitos de clima e cultura organizacional oferecem um referencial para compreender de forma articulada os movimentos e a dinâmica que ocorre no interior da escola, que de outra forma parecem

Gestão da cultura e do clima organizacional da escola

desordenadas, a partir de cuja percepção os profissionais que atuam como gestores escolares se sentem imobilizados, conforme muitas vezes indicam. Apagar incêndios, matar um touro por dia, chegar ao fim do dia extenuados, sem ver resultados, uma luz no final do túnel, estas são expressões que indicam um sentimento de frustração e sugerem também falta de perspectiva da parte de profissionais que atuam sem um referencial teórico e conceitual que permita ver as interligações entre fenômenos, de modo que possam atuar de forma mais consistente mediante uma perspectiva ao mesmo tempo abrangente e interativa.

O clima institucional e a cultura organizacional da escola expressam a personalidade institucional e determinam a real identidade do estabelecimento de ensino, aquilo que de fato representa, uma vez que se constitui em elemento condutor de suas expressões, de seus passos, de suas decisões, da maneira como enfrenta seus desafios, como interpreta seus problemas e os encara, além de como promove seu currículo e torna efetiva sua proposta político-pedagógica. A importância desses conceitos é evidenciada pelo fato de que a natureza do processo educacional e a vida da escola são definidas sobremaneira pelo modo como as pessoas coletivamente organizadas realizam o trabalho em seu interior, distribuem e assumem responsabilidades, tomam decisões, implementam-nas, percebem seu trabalho e constroem significados a partir dessa experiência interativa em que muitos elementos pessoais, sociais, contextuais e funcionais entram em jogo.

Pode-se afirmar, portanto, que nenhuma escola é melhor do que o conjunto das atuações interativas dos membros de sua comunidade, sobretudo de seus profissionais, e estas são definidas e expressas a partir de representações e significados atribuídos aos elementos que compõem a escola e seu fazer educacional, representações e significados que são construídos coletivamente.

Tem-se verificado que, em geral, os esforços adotados para promover a melhoria da qualidade da Educação são realizados no âmbito das políticas públicas pelos sistemas de ensino, mediante definição externa à escola, sem o envolvimento desta, tendo como referência e ponto de partida indicadores macro, como os indicadores gerais de desempenho das escolas, qualidade das condições físicas materiais e estruturas gerais das escolas, o quadro funcional existente, depoimentos e impressões sobre o funcionamento dessas instituições de ensino etc. Em vista disso tendem a focalizar planos gerais de intervenção, alocação de recursos, capacitação de profissionais, dentre outros aspectos, seja de forma isolada, seja em conjunto, porém falhando em considerar os processos socioculturais existentes nos estabelecimentos educacionais. A respeito, Souza (2004) identifica que "junto com um conjunto de prescrições

Gestão da cultura e do clima organizacional da escola

por meio das quais as políticas de gestão passam a ser implementadas, torna-se forte a tendência em desconsiderar as relações pedagógicas enquanto parte de uma cultura local impregnada de todos os seus vícios e virtudes, bem como seus significados na vida cotidiana".

Em acordo com esse quadro, pesquisas identificam que os esforços pela promoção da melhoria da qualidade do ensino têm sido inefetivos, até mesmo os realizados objetivando resultados parciais em curto prazo, por deixarem de levar em consideração a natureza do modo de ser e de fazer da escola, seus processos sociais internos, os valores assumidos em suas decisões e respectivas ações (WILSON, 2007).

Enfim, deixam de levar em consideração os aspectos indeléveis e sutis relativos ao modo como as pessoas subjetivamente se associam, como interpretam e enfrentam seus desafios, seu trabalho e que atitudes expressam em relação a ele e a cada uma de suas atuações, como se relacionam e se comunicam entre si, o que valorizam, como expressam os valores assumidos, como definem as relações de poder e de influência de uns sobre os outros, como definem o que é, e o que não é considerado aceitável, como influenciam o desempenho uns dos outros.

Todos esses aspectos internos à escola desempenham um papel significativo no estabelecimento da orientação mental coletiva dos profissionais no interior da escola a respeito de quais são seus desafios e necessidades e como enfrentá-los, que, por sua vez, condicionam uma reação às proposições ou intervenções apresentadas pelos sistemas de ensino. Estas comumente são assumidas, quando o são, fracamente, pró-forma, sem comprometimento, de modo que não resulta em promover mudanças na melhoria da qualidade do ensino, tal como pretendido. Daí por que todos os anos se pode em certos contextos afirmar que "quanto mais as coisas mudam, mais permanecem como estão".

Em associação a esse quadro, verifica-se que o comportamento no interior das escolas tem sido determinado muito mais pelo sistema sociocultural interno, por seu sistema de significados, crenças e valores, do que por interferências externas (Institute of Education, 1998).

Essas questões formam um conjunto de comportamentos, ações e reações expressas com regularidade e tacitamente aceitas, que retratam um clima e cultura organizacional. Sua expressão, embora de forte efeito nos resultados educacionais, é muitas vezes de difícil identificação e reconhecimento, dado seu caráter tácito e subjacente, comumente não submetido à fácil observação, ao estudo e à compreensão de seus significados pelos participantes do contexto escolar ou do sistema de ensino. Em associação a esse entendimento, a figura de um *iceberg* é geralmente utilizada para expressar esse componente encoberto, como se especificará mais adiante, indicando que, tal como aquele fenômeno da natureza, o fazer de uma organização revela apenas uma pequena fração de toda a sua superfície.

Gestão da cultura e do clima organizacional da escola

> Cada escola tem uma personalidade própria, construída coletiva e historicamente por seus atores, no enfrentamento dos desafios.
>
> Conhecer essa personalidade e alinhá-la a objetivos educacionais de elevado valor social é condição para sua atuação mais efetiva.

1 O contexto dos estudos do clima e da cultura organizacional da escola

O estudo do clima e da cultura organizacional da escola está associado ao estudo da sociologia das escolas, pelo qual se identificou terem os estabelecimentos de ensino um modo próprio de serem caracterizados por certos rituais de relacionamento interpessoal, certas histórias típicas, jogos, cerimônias e festividades, tradições, rituais, códigos de comportamento e de sanções quando ocorre seu desvio, enfim, um conjunto de aspectos que revelam como as coisas são na escola, independentemente do que se afirma e descreva que seja ou deva ser (WALLER[3], segundo LINDHAL, 2008). Mais especificamente, essa origem é reportada à Universidade de Chicago, a partir dos estudos de Dewey[4] e de Blumer (interacionismo simbólico). Embora haja concepções teóricas sólidas desde longa data, e estudos publicados

---

3. O estudo de Waller, *A sociologia do ensino*, data de 1932.

4. Dewey concebeu o conhecimento e seu desenvolvimento como um processo social, integrando os conceitos de sociedade e de indivíduo.

sobre diferentes perspectivas da dimensão cultural na escola, sobretudo nos Estados Unidos e Inglaterra, é muito comum a referência entre nós da origem desse interesse no âmbito empresarial (TORRES, 2007). Podemos sugerir a respeito que tal tenha ocorrido pelo adiantamento das empresas em aproveitar o acervo de conhecimentos na área sociológica, tanto nos Estados Unidos como entre nós.

É identificado que esse conjunto de coisas exerce um forte poder na determinação de como as pessoas agem ou devam agir em seu interior, de tal modo que, mesmo sem orientações explícitas a respeito, os novos ingressantes nessa organização percebem esse modo de ser e de fazer, a ele se ajustam e são conduzidos a agir de acordo com ele.

O aprofundamento do estudo da sociologia da escola permitiu observar e compreender, de maneira sistemática e consistente, variações, nuance e peculiaridades existentes em cada escola individualmente observada, condições reveladoras de que cada uma delas tem seu modo próprio de realizar suas ações, de interpretar seus desafios, de assumir responsabilidades ou de reagir a elas. Pode-se compreender que, apesar de semelhanças entre si, cada estabelecimento de ensino apresenta seu modo próprio de ser, possui uma história diferenciada, uma identidade e imagem própria, explicável por um conjunto de fatores e de características subjetivas, devidas aos dinâmicos processos sociais que ocorrem no interior da escola.

Gestão da cultura e do clima organizacional da escola

Associados aos estudos sociológicos aplicados à Educação, pode-se verificar áreas específicas de estudo que contribuíram para a compreensão do fenômeno em questão, como o interacionismo simbólico[5], a etnografia educacional[6], o estudo das repre-

---

5. Na perspectiva do interacionismo simbólico, para além das ações sociais condicionadas pelo arcabouço normativo da sociedade, há uma enorme variedade de interações sociais que ocorrem de modo a formar coletividades separadas, que levam à constituição de determinados grupos sociais, cada qual com suas regras e normas de conduta, validadas e aceitas pelos indivíduos que os compõem. As interações sociais, porém, são processos dialéticos, pois os indivíduos constroem os grupos e as coletividades sociais dos quais fazem parte, mas, ao mesmo tempo, esses grupos e coletividades interferem na conduta do indivíduo. Com base nessas considerações, podemos aplicar as três premissas básicas já citadas, de maneira a ter o seguinte quadro: a ação dos atores é derivada da significação; essa significação deriva ou surge das interações sociais; por fim, as significações são empregadas pelos atores sociais nas interações sociais grupais, que, por sua vez, modificam as próprias significações" (CANCIAN, 2009). Cancian destaca que Blumer, o criador da expressão "interacionismo simbólico" e participante efetivo da Escola Sociológica de Chicago, "fundamentou o interacionismo simbólico com base em três premissas: 1) o modo como um indivíduo interpreta os fatos e age perante outros indivíduos ou coisas depende do significado (ou significados) que ele atribui a esses outros indivíduos e coisas; 2) o significado, porém, é resultado dos (ou é construído a partir dos) processos de interação social; e 3) os significados podem sofrer mudanças ao longo do tempo".

6. Trata-se de perspectiva microssociológica que leva o investigador/observador a compreender as realidades culturais de determinado grupo, vistas de dentro, procurando valorizar as pequenas coisas, os pequenos mundos, os pequenos gestos e as conversas corriqueiras que ocorrem, por exemplo, na sala dos professores, o raciocínio cotidiano dos atores; no fundo, a dimensão cotidiana da vida da escola.

sentações sociais[7] em Educação, dentre outros que, por diferentes vias e vieses de interpretação, focalizaram diferentes aspectos do fenômeno cultural da escola. Também as teorias de Desenvolvimento Organizacional[8] contribuíram para o surgimento e expansão da abordagem cultural nas instituições educacionais, valorizando seus processos sociais, comunicação, relacionamento interpessoal, rituais próprios, sua identidade pública etc. (MATIAS, 2007). Outra

---

7. O termo é empregado no contexto da teoria da Representação Social, área de estudo situada entre a Psicologia e a Psicologia Social segundo a qual, como condição essencial na elaboração do conhecimento, são formados conceitos compartilhados pelos membros de um grupo, com origem nas características da vida na coletividade. Portanto, a representação social corresponde a um entendimento gerado no coletivo de uma organização social, conforme foi apontado por Durkheim (segundo ALEXANDRE, 2004) e constitui conceitos, frases e explicações originadas na vida diária durante o curso das comunicações interpessoais e, portanto, exerce o papel de conhecimento prático orientado para a comunicação e para a compreensão do contexto social, material e ideológico em que vivemos. Dessa maneira, as representações são fenômenos sociais que têm de ser entendidos a partir de seu contexto de produção.

8. O Desenvolvimento Organizacional constitui-se em tendência teórica desenvolvida como superação ao enfoque setorial e fragmentado, anteriormente praticado na administração das organizações, e que focalizava aspectos materiais, estruturais e funcionais isoladamente. Ela centra sua atenção sobre competências e como, a partir das decisões de seus detentores, as mesmas são desenvolvidas e empregadas interativamente no conjunto das competências presentes na organização. A teoria do Desenvolvimento Organizacional considera uma organização como um sistema social capaz de aprender a aprender a resolver problemas e a tomar decisões que atendam às necessidades de desenvolvimento organizacional (*Wikipedia*, 2010).

Gestão da cultura e do clima organizacional da escola

área importante foi a Ecologia Humana, que chamou a atenção para o fenômeno da influência da organização dos espaços sobre o comportamento humano e a formação de hábitos (CLAWSON et al., 1976).

Tanto o clima como a cultura organizacional da escola são conceitos multidimensionais formados de uma variedade de fatores, assim como constituídos a partir de influências as mais diversas – influências essas que são, ao mesmo tempo, causa e consequência do modo de ser e de fazer da escola. Como consequência, sua conceituação e estudo variam conforme a perspectiva e o olhar interpretativo do estudioso. Daí por que não se pode pretender construir uma perspectiva única a respeito desse fenômeno sociocultural, mas sim levantar perspectivas que possam iluminar essa complexidade e conhecer seus múltiplos desdobramentos.

É possível afirmar que a identidade própria da escola resulta da natureza do processo educacional, que, ao mesmo tempo, assenta-se sobre e demanda um processo de relacionamento interpessoal, humano e cultural, que, por natureza, é único e irrepetível, uma vez que não pode ser programado como as pessoas irão agir e reagir a cada atividade e ação, mesmo porque elas são interpretadas não pelo que são, mas pelas ideias e concepções subjacentes a elas em confronto com as necessidades e interesses pessoais dos envolvidos. Esse processo depende, em boa parte, de perspicácia, discernimento, presença de espírito, sensibilidade, espontaneidade, habilidade de observação reflexiva para determinar os melhores cursos de ação para as situações e reações criadas a cada passo e a cada momento. Consequentemente, para organizá-lo e orientá-lo adequadamente não se pode fixar o funcionamento pleno e universal de determinações operacionais, por serem limitadas – estas podem ser previstas como alternativas possíveis que, de acordo com as circunstâncias, poderão ser alteradas. Apenas fundamentos, diretrizes, princípios e objetivos gerais podem ser fixados como exigência geral para todas as escolas, pois oferecem os balizamentos amplos que dão rumo e definem parâmetros de tomada de decisão e orientação de ações, deixando espaço para as decisões operacionais segundo as circunstâncias vivenciadas nos estabelecimentos de ensino.

A partir de fundamentos, diretrizes, objetivos e métodos comuns, em cada escola, adotam-se operações diferentes, com diferentes intensidades e colorido, mediante processos dinâmicos de interação pessoal entre educadores e alunos; entre professores, alunos e objetos de conhecimento; entre alunos e alunos, de tal modo que, apesar dos elementos formais comuns, cada processo educacional sempre será único, diferente e idiossincrático, diversamente à instrução de treinamento, que pode ser programada para ser igual em todos os grupos, porém resultando em

Gestão da cultura e do clima organizacional da escola

aprendizagens mecânicas e limitadas sem efeito promotor de novas aprendizagens e desenvolvimento.

Acrescente-se ainda o fato de que como o processo educacional tem por objetivo o desenvolvimento social dos alunos, sua formação para a cidadania, sua realização depende sobremodo de que o ambiente escolar apresente qualidade e características compatíveis com os resultados pretendidos, isto é, que seu modo de ser e de fazer, suas relações interpessoais e sociais, seus valores, entre outros aspectos, sejam de tal natureza que correspondam aos valores e expressões da cidadania e que esses aspectos possam ser observados, analisados e compreendidos em sua vivência e que se aprenda a partir dessa experiência. Conclui-se, portanto, que, a fim de se ter ensino de qualidade, efetivamente realizador dos objetivos sociais propostos pelos fundamentos da Educação, o clima e a cultura organizacional da escola precisam ser conhecidos, compreendidos e organizados de maneira que corresponda à expressão da cidadania proposta, e que de sua observação, análise e compreensão não só se promova a melhoria do processo, como também a correspondente aprendizagem e formação.

Acrescente-se ainda o fato de que é reconhecido como ensino de qualidade aquele que se assenta não sobre conhecimentos formais estanques, e sim sobre saberes socialmente valorizados e necessários para o enfrentamento dos desafios de desenvolvimento pessoal e social dos alunos, mediante a ampliação de seu universo cultural, que, por consequência, deve fazer parte da escola.

Mais ainda, conforme proposto pela Unesco, a Educação necessária para o século XXI deve assentar-se sobre princípios educacionais associados à educação contínua e permanente, em que o aluno seja levado a aprender a aprender, aprender a fazer, aprender a conviver e aprender a ser[9] (DELORS, 1999), processos que demandam ambiente de intensa relação humana e social, grande dinâmica interpessoal e muita atividade pedagógica, todos esses processos existentes na escola, porém nem sempre voltados para a formação pretendida e com a vibração necessária para tal fim.

Conclui-se, portanto, que essa formação não será promovida caso não seja dada atenção às características do clima e da cultura organizacional da escola e o cuidado contínuo de seu alinhamento com os objetivos educacionais que a escola propõe e assume.

---

9. A recorrência da abordagem sobre o sentido da educação e de seus objetivos formadores, bem como da indicação de responsabilidade e necessidade de comprometimento dos profissionais da Educação para assumi-los, realizada neste livro e em todos os outros da autora, assenta-se sobre a relevância desse entendimento em todas as áreas de atuação em Educação. Essa reiteração em situações diferenciadas deve ser considerada como um alerta necessário ao leitor sobre a questão.

Gestão da cultura e do clima organizacional da escola

> A capacidade do gestor de conhecer e compreender o clima e a cultura organizacional da escola corresponde à sua possibilidade de agir efetivamente como líder e orientador do trabalho escolar para a viabilização de objetivos educacionais de elevado valor social, tendo como foco os interesses e necessidades de formação e aprendizagem de seus alunos.

2 Proposições associadas ao enfoque do clima e da cultura organizacional da escola

Os estudos sobre o clima e a cultura organizacional da escola emergem associados a um conjunto de proposições e pressupostos que sustentam e induzem à consideração desses conceitos como relevantes no estudo de qualquer aspecto da Educação. A seguir são apresentados diversos enfoques desse conjunto, que serão retomados e articulados no decorrer da exposição:

i) "As escolas constituem uma territorialidade espacial e cultural, onde se exprime o jogo de atores educativos internos e externos" a partir de mecanismos de tomada de decisão e de relações de poder que revelam sua contextualização social e política (PEREIRA, 2007: 86).

ii) A escola é uma organização social cujos atores contribuem significativamente para determinar o modo de ser e de fazer, de acordo com a maneira como interpretam e reagem diante de determinações e expectativas externas, de condições estruturais e funcionais internas, processos e decisões. Assim como professores consideram a sala de aula como o território de seu domínio, onde em geral detêm e exercem grande liberdade de manobra, apesar dos programas gerais para todos os professores (SILVA, 2010), também a escola define e assume para si, muitas vezes de forma sutil e disfarçada, ampla autonomia sobre o estabelecimento de seu modo de ser e de fazer. A diferença existente entre o real e o ideal, entre as propostas educacionais e os resultados de seu trabalho, corroboram esse fator.

iii) Como uma instituição de pessoas em constante interação, a escola é o resultado de uma teia de relações e comunicações marcadas por crenças, valores, suposições, expectativas, emoções e sentimentos que determinam como são tomadas decisões, como inovações são aceitas ou rejeitadas, como o trabalho é organizado e realizado e como as ações educacionais se projetam no futuro ou permanecem reproduzindo a situação vigente.

iv) A escola é uma instituição estabelecida pela sociedade para promover, de forma organizada, sistemática e intencionalmente definida e orientada, a educação de suas crianças, jovens e adultos, de modo que estes desenvolvam competências necessárias ao enfrentamento dos desafios da vida no mundo em contínua evolução com qualidade. E é na medida em que todos os atores que participam dessa instituição atuem como um todo organizado com esse propósito que a escola existirá como estabelecimento educador. O alinhamento dos participantes da escola com os propósitos educacionais é condição para sua efetividade social.

v) Não se pode definir a escola ou conhecê-la efetivamente a partir apenas das propostas oficiais, do que é definido pela legislação e pelas políticas educacionais e, nem mesmo, a partir do projeto pedagógico elaborado pela própria escola. Para conhecê-la é preciso debruçar-se de modo isento de julgamentos sobre as formas de pensar e atuar nela praticados e assumidos cotidianamente e para seus arranjos e inter-relações (SILVA, 2010).

vi) Os sistemas de ensino propõem para as escolas mudanças que muito comumente deixam de ser praticadas em seu próprio nível e âmbito de ação. Sugerem, por exemplo, que as escolas atuem de acordo com os princípios de abertura e flexibilidade relacionados à gestão democrática, os quais, no entanto, os mesmos gestores de sistemas de ensino não adotam em seu relacionamento com a escola, uma vez que se mantêm burocráticos e fragmentados (NÓVOA, 1999). Desta forma, provocam nos estabelecimentos de ensino reações contrárias ao desejado, responsabilizando a escola por esse resultado e deixando de verificar em si uma possível origem ou reforço de reações e a falta de modelos para as mudanças.

vii) Mudam-se as lógicas e os discursos educacionais, porém as escolas, ainda que adotando novos discursos, mantêm seu modo de ser e de fazer antigos, até mesmo no exercício de novas práticas, uma vez que não são modificadas suas crenças e interpretações sobre seu papel na formação de seus alunos. Essa condição é reforçada pela manutenção de estruturas formais e informais de relacionamento no interior da escola, como também nos sistemas de ensino.

viii) O comportamento humano que contribui para a urdidura do tecido climático e cultural da escola é em grande parte condicionado situacionalmente, uma vez que a pessoa aprende conforme os estímulos oferecidos e apresentados nos ambientes em que convive e se expressa. Estes, de acordo com as características que apresenta, oferecem-lhe delimitações e oportunidades de ação, elementos reguladores e elementos expansores. Enfim, oferecem-lhe um quadro referencial sobre o que é valorizado e o que não é, o que é esperado e o que não é (AGATTI, 1977).

ix) No ambiente organizacional da escola, o que não for formalmente explicitado será inferido na vivência organizacional pela observação de gestos, tom de voz, expressão fisionômica, movi-

Gestão da cultura e do clima organizacional da escola

mentos; pelo uso de espaços, artefatos, tecnologias e tempo; pelos relacionamentos interpessoais e processos de comunicação; pela tomada de decisão e relações de poder exercidas etc. A aprendizagem social e organizacional a partir da vivência resulta mais forte do que a proposta por cursos, discursos e ações formais semelhantes, uma vez que envolve a pessoa por inteiro em estado de imersão cultural. Por ela se depreende o que se deve fazer e o que não se deve. Quando o que se observa não corresponde ao que se propõe formalmente, tem-se um ambiente caracterizado pela falsidade; quando pouco se diz, tem-se a falta de orientação e a possibilidade de invenção de informações para suprir a ausência delas.

x) A organização escolar constitui-se em espaço de embate dialético entre o que é e o que deve ser, entre os fatos dados e os valores professados, os fatos e as propostas. Daí por que verificar-se o distanciamento entre o real (cultura e clima organizacional da escola) e o ideal (fundamentos, princípios, diretrizes, objetivos propostos na legislação, literatura e normativas educacionais). Quanto maior a distância entre essas duas condições, maior a falta de efetividade do ensino.

xi) Uma escola é um sistema de valores, hábitos próprios e peculiaridades, assumidos e formados no dia a dia de trabalho. É uma organização com personalidade e características próprias que a distinguem das demais. Segundo essas características de ordem subjetiva, as escolas promovem diferentes resultados em seu trabalho.

xii) Ao ser iniciado na instituição escolar, o novo participante busca estabelecer referências sociais como uma forma de receber e fornecer informações necessárias para seu posicionamento e definição de seu quefazer. Nesse processo, estabelece-se uma conexão de significados baseados em comunicações verbais e não verbais, na interpretação do que é observado e também do que é silenciado ou evitado (ROGOFF, 2005). Têm especial importância nesse processo o olhar, o tom de voz, o gesto, a postura e a escolha do momento para a ação, o estilo da gestão e da tomada de decisão, assim como a perspectiva empregada nesse estilo. Essa condição revela a importância de se prestar atenção nesses elementos subjacentes como cruciais no desenvolvimento da cultura organizacional da escola e seu clima.

xiii) O cotidiano escolar constitui-se em momento temporal de expressão do clima e da cultura escolar. É no dia a dia que o movimento das práticas escolares ganha vida e as práticas escolares constroem e revelam uma maneira peculiar de ser e de fazer, tanto seguindo normas como camuflando seu desprestigiamento ou alterando seu significado, de acordo com as percepções e interesses subjacentes no ambiente escolar (CERTEAU, 2007).

Gestão da cultura e do clima organizacional da escola

xiv) Como uma expressão dinâmica, no embate com formalidades, problemas e demandas, o clima e a cultura organizacional se moldam, assim como moldam essas formalidades, criando novos significados e novos entendimentos sobre o fazer educacional. Trata-se, portanto, de uma condição marcada pela circularidade de influência recíproca.

xv) Em cada ato social, os atores interiorizam e coordenam a percepção que têm do papel social dos outros e do próprio, formando sua identidade no contexto da escola. Nesse processo, os atores são, ao mesmo tempo, produtores e produto da organização social de que fazem parte. Semelhantemente, valores assumidos motivam a realização de ações, assim como ações e seus resultados condicionam o fortalecimento e a criação de valores.

xvi) As pessoas agem de acordo com os significados que atribuem às coisas, às pessoas, às palavras, aos símbolos, no grupo social a que pertencem e de acordo com seu espírito coletivo. Esses significados são alteráveis mediante a alteração do *status quo*. Em escolas conservadoras há a tendência de se manter a mesma atribuição de significados, que, por sua vez, reforça as condições vigentes. Em escolas inovadoras observa-se o contínuo aprofundamento e alargamento do acervo de significados, que se tornam mais efetivos em seu papel de orientar a ação das pessoas para realizações e desenvolvimento.

Estas proposições apontam para o fato de que é fundamental conhecer a escola em seu modo de ser e de fazer e que não se pode afirmar nada sobre a qualidade do ensino a partir da legislação e diretrizes educacionais, das políticas educacionais de sistemas de ensino, da proposta político-pedagógica de escolas, e do nível de capacitação de seus profissionais. Para conhecê-la é preciso que se estude, a partir de um olhar aberto, receptivo, esclarecido e perspicaz, o modo de pensar e de fazer continuamente praticado no interior da escola, os arranjos peculiares assumidos para o enfrentamento de desafios, o que é selecionado como prioridade e o que é deixado de lado e até mesmo negado. Estes e muitos outros aspectos constituem a escola real, isto é, sua cultura e seu clima organizacional, que é objeto deste livro.

Destaca-se, pois, que a realização desses estudos se situa no âmbito das pesquisas de nível *meso* sobre a Educação (CARVALHO, 2006), que vêm ampliar e dar sentido mais efetivo à educação que anteriormente tinha seus destinos articulados entre o nível macro das políticas educacionais, considerando os anseios da sociedade, e o nível micro, que leva em consideração os processos de aprendizagem na sala de aula.

Gestão da cultura e do clima organizacional da escola

> A compreensão da escola como espaço cultural implica, de um lado, sua contextualização externa social e política e, de outro, suas práticas internas, cotidianas, seus mecanismos de tomada de decisões e suas relações de poder que expressam dimensões pessoais, simbólicas e políticas da vida escolar (PEREIRA, 2007).

I
Explicitação do significado de clima e de cultura organizacional da escola

Clima e cultura organizacional são dois conceitos comumente referidos de forma associada, interligando-os num mesmo conjunto de significados ou, até mesmo, sobrepondo-os. De fato, eles fazem parte do mesmo conjunto de fatores e estão intimamente conectados: expressam-se dinamicamente por gestos, atitudes, discursos, comportamentos individuais e coletivos de pessoas, arranjos de objetos e ambiente, uso de espaço e tempo, ações e reações manifestados, tanto de forma subliminar como explícita, no enfrentamento de desafios pela organização.

Clima e cultura são dois conceitos tão intimamente intrincados que suas fronteiras são definidas apenas arbitrariamente, conforme a lógica adotada pelo estudioso, em vista do que são discricionariamente delimitadas. Em face dessa circunstância, Lindhal (2008) afirma que essa distinção é totalmente desnecessária, já que por vezes resulta em redundância. É possível, no entanto, sugerir que o exercício de exploração de caracterizações particulares de

Gestão da cultura e do clima organizacional da escola

cada um dos conceitos tem oferecido a possibilidade de diferenciar aspectos que demandam atenção singularizada no trato da gestão escolar, do fazer pedagógico e sua liderança. Afirmamos que clima e cultura não se constituem em termos sinônimos, embora referentes ao mesmo conjunto de configuração, pois apresentam diferentes conotações, assim como se observa na representação feita pelos termos forma e fundo, objeto e sombra, que compõem o mesmo fenômeno em que um não existe sem o outro.

É importante destacar que o clima e a cultura, embora vinculados à mesma base factual e conceitual, têm, de certa forma, conteúdos e expressões distintos, daí por que ser útil diferenciá-los. Verificam-se na literatura mais referências à cultura organizacional, por seu caráter mais duradouro, denso, potente e sistemático na determinação de comportamentos, porém é o clima organizacional que é mais comumente estudado, tendo em vista a maior facilidade de observação desse fenômeno e realização de seu estudo, como também de influência sobre essa expressão.

Destaca-se também a distinção apresentada na literatura entre cultura organizacional da escola, relativa ao que a escola realmente faz, como ela é e *os valores que de fato assume*, e a cultura educacional, que Torres (2005) denomina de cultura escolar, referente à cultura que a escola *deve assumir* a fim de que adequadamente promova o trabalho de formação e aprendizagem de seus alunos. Portanto, cultura organizacional da escola corresponde às práticas reais coletivas da escola e cultura educacional se refere às concepções educacionais assumidas e professadas em um sistema de ensino e escolas, mesmo que não necessariamente praticadas, pois muitas vezes são mais professadas do que assumidas, conforme será analisado mais adiante.

É importante reconhecer que os conceitos de clima e de cultura organizacional estão intimamente interligados, de tal modo que não apenas se reconhece que um faz parte do outro como também se sobrepõem e se confundem em muitos aspectos, conforme se observa na realidade. Bisognin, Nicolau e Gracioli (2010: 3) apontam que ambos os conceitos "tangenciam-se reciprocamente em diversos aspectos", mas exercem influências diferenciadas no fazer pedagógico, pois "enquanto a cultura organizacional influencia na formulação de missão, estratégia de crescimento e no estabelecimento de diretrizes de qualidade dos serviços prestados, o clima organizacional possibilita descrever o comportamento organizacional enquanto [sic] identificação dos aspectos que mais influenciam na percepção dos problemas institucionais". Depreende-se dessa distinção o caráter mais denso dos valores, associado à cultura, e o caráter mais volátil do clima.

Em geral, os conceitos de clima e cultura organizacional são referidos e estudados muito comumente de forma associada, tendo em vista a íntima rela-

Gestão da cultura e do clima organizacional da escola

ção entre ambos, devido ao fato de que, necessariamente, ao se analisar a fundo um conceito, chega-se ao outro (tal como não existe sombra sem seu objeto). Mesmo assim, ambos os conceitos apresentam, até certo ponto, identidades específicas, cabendo compreendê-las em sua especificidade e clareza, tanto para se ter maior clareza sobre o que se quer conhecer e compreender, como para se atribuir maior efetividade nas intervenções de gestão e liderança do processo educacional.

É válido, portanto, identificar diferenças entre esses conceitos. Logo, como representantes de manifestações inter-relacionadas, mas diferentes, suas especificidades se tornarão mais claras, mais explícitas e evidentes, na medida em que forem observadas, examinadas e estudadas, o que deve ser feito, no entanto, sem perder de vista sua inter-relação e contextualização. Embora os estudos dessa diferenciação expressos na literatura sejam em grande parte referenciais, é possível sugerir que, na persistência desse exercício e seu contínuo aprofundamento, no futuro poder-se-á entender melhor sua distinção, com benefícios para o aprimoramento da gestão escolar e do trabalho educacional exercido na escola.

A cultura organizacional tem um caráter mais duradouro que o clima, de característica mais volátil, sendo construída pela sequência e abrangência de vivências continuadas e disseminadas, em vista do que é possível conhecê-la melhor e mais efetivamente por meio de uma avaliação contínua, evolutiva e que acompanha a escola de modo sistemático e comparativo para verificar a permanência dos fatores que a expressam, assim como sua evolução. Esse fato é destacado na *Enciclopédia do Gestor* (2007: 2) ao apontar que "a cultura implica algum grau de estabilidade estrutural no grupo [...] é algo profundo e estável [...]" derivado de uma aprendizagem acumulada ao longo do tempo por um determinado grupo, como fruto de uma experiência coletiva e dos significados construídos em torno dela.

As pessoas, por sua memória, por seu arsenal de percepções introjetadas e acumuladas ao longo do tempo e, sobretudo, por sua capacidade de distanciar-se do tecido cultural em que estão imersas e que ajudam a construir, podem, em um dado momento, retratar essa cultura de modo a compreendê-la como condição fundamental para exercer influência sobre ela, em vez de ser acrítica e inconscientemente por ela conduzidas. Portanto, tal cultura pode ser captada e expressa por seus participantes a partir da representação que fazem do modo de ser e de fazer da escola e de suas práticas mais comuns, estabelecidas pela lembrança de experiências passadas, mediante processos cuidadosos de observação, análise e interpretação. Mas, sobretudo, pela observação continuada de aspectos assumidos mais perenes do fazer educacional.

Gestão da cultura e do clima organizacional da escola

De qualquer forma, é válido reiterar que os conceitos de clima e de cultura organizacional não são claramente delimitados, sendo sujeitos a múltiplas interpretações, como se verá a seguir, que vão emergindo e se explicitando à medida que mais se debruça sobre eles e segundo a perspectiva com que se examinam os fenômenos por eles representados e se os agrupa e diferencia uns dos outros.

1 A metáfora do *iceberg* para representar o caráter subjacente da cultura

Tendo em vista o caráter subjacente e implícito das manifestações do clima e da cultura organizacional, sobretudo aqueles aspectos mais acentuados e aprofundados da cultura, a figura do *iceberg* é comumente adotada como metáfora para representar esse fenômeno.

É estimado que um *iceberg* tenha apenas cerca de 10% de toda sua massa exposta acima do nível do mar, mantendo sempre submersa uma superfície correspondente a 1/9 de sua massa total. Usando o *iceberg* como metáfora para representar uma determinada condição, costuma-se dizer que quando se intervém sobre um problema sem analisar suas implicações de origem, do contexto de sua manifestação, de suas consequências e suas ramificações, está-se apenas alterando as questões manifestas na ponta do *iceberg*, de caráter meramente sintomático, de modo que o problema tende a aparecer novamente. Consequentemente, para superar essas superficialidades, é sempre recomendável analisar toda situação em sua complexidade e em suas múltiplas relações, de maneira a se promover intervenções mais abrangentes e mais profundas.

Ao se passar grande parte da vida e da realidade escolar em condição submersa, quer dizer, desconhecida, desconsiderada, não compreendida e não avaliada, possibilita-se, em consequência, a ocorrência de fatores cerceadores da jornada educacional, na medida em que seu potencial não é levado em consideração no curso de interações com essa realidade e intervenções sobre a mesma. Não se pode, por óbvio, julgar que aquilo que não seja percebido não exista, ou que não exerça um papel significativo no curso das ações e seus resultados. Muito pelo contrário, o que permanece latente tem um grande poder de minar situações de forma silenciosa, dissimulada e sorrateira, e impedir a implementação de decisões que são tomadas sem levar em consideração o que todos os envolvidos nesse processo de implementação pensam a respeito, que significados atribuem em relação aos aspectos envolvidos etc.

Portanto, como um *iceberg*, a cultura mantém invisível e subjacente grande parte de seus componentes, que são muitas vezes apenas inferidos a partir do que pode ser direta e facilmente observado so-

Gestão da cultura e do clima organizacional da escola

bre a superfície ou imediatamente abaixo dela, mas ainda em área transparente ou apenas pouco turva, em vista do que apenas poucos elementos culturais são observados sem muita dificuldade. Por conseguinte, compete aos gestores ter em mente a possibilidade de que, realizando seu trabalho, conheçam sua escola apenas superficialmente, em seus aspectos aparentes e superficiais, isto é, não mais do que um décimo de sua verdadeira natureza, caso não adotem um esforço intencional e sistemático de perscrutação para conhecer os desdobramentos e interações dos múltiplos aspectos da cultura e do clima organizacional da escola.

Resulta, por certo, desse desconhecimento restante, grande parte da dificuldade de gestores escolares em promover sua gestão e liderança. Conhecer a cultura organizacional da escola representa, pois, um processo de desvelamento de camadas submersas, o que é possível na medida em que sejam capazes de, dentre outros aspectos, assumir um olhar inquisitivo sobre os comportamentos, ações e reações expressos na escola, suspendendo qualquer julgamento prévio; agir com muita perspicácia, olhar clínico e sensível que procura ver o significado mais profundo daquilo que está aparente, e aquilo que fica além do aparente; identificar suas ramificações internas; compreender os significados de todos esses aspectos observados.

Aponta-se para o fato de que, como os icebergs não são imóveis e imutáveis, também não o é a cultura organizacional. Ela é dinâmica e assume diferentes configurações em diferentes momentos e circunstâncias, em vista do que tornam-se competentes os gestores que mantêm o olhar continuamente atento e perspicaz, empregado num processo contínuo de desvelamento da cultura organizacional escolar, dos fatores que a sustentam, das motivações e valores por trás de suas expressões e de sua repercussão na qualidade das práticas educacionais cotidianas. Isso representa dizer que nenhum conhecimento sobre a cultura escolar é final e definitivo, devendo o olhar estar sempre aberto para sua dinâmica, de modo a compreendê-la.

É importante ter em mente que a cultura organizacional escolar é invisível não apenas para aqueles que estão fora da escola e não fazem parte dela, mas também para os que a constituem. Aqueles que convivem na escola e ajudam a constituir seu dia a dia podem conhecê-la menos ainda, por se tornarem cegos aos significados do que acontece ao seu redor. Isso porque quando as situações são consideradas como dadas, como estabelecidas, elas são vivenciadas acriticamente, sem qualquer esforço por conhecer os motivos por trás das ações, dos posicionamentos e das decisões. Aliás, muitas vezes pretende-se camuflar os significados e motivos a que(m) servem as atitudes, posicionamentos, decisões e ações expressas no cotidiano escolar.

Gestão da cultura e do clima organizacional da escola

Em vista disso, de modo que os atores da cultura organizacional escolar a compreendam e se compreendam nela, a fim de que essa cultura seja fortalecida por valores sociais e educacionais mais amplos e sólidos a partir da identificação desses valores e seus significados em seu próprio desempenho, compete aos gestores não apenas conhecer as características da cultura organizacional de sua escola, mas, sobretudo, fazê-lo participativamente, envolvendo os membros da comunidade escolar nesse processo. Essa metodologia funciona como uma estratégia importantíssima de gestão democrática e de transformação evolutiva da cultura organizacional, que se aprofunda e se expande, se renova e se fortalece.

Compreender essa cultura depende, portanto, de se mergulhar nela de olhos abertos, e aprofundar-se em suas águas ao mesmo tempo com familiaridade e naturalidade e com perspicácia analítica e hermenêutica[10].

---

10. O termo "hermenêutica" provém do verbo grego "hermeneuein" e significa "declarar", "anunciar", "interpretar", "esclarecer" e, por último, "traduzir". Significa que alguma coisa é "tornada compreensível" ou "levada à compreensão" (*Wikipedia*, 2010). Segundo Ricouer, representa uma teoria e um método de explicitação de significados e compreensão de fenômenos, em superação à simples impressão provocada por sua vivência (THOMPSON, 1998).

Aspectos visíveis:
Valores e objetivos declarados, estratégias, discursos, estrutura organizacional, processos, gestão e liderança, tecnologia, autoridade formal, políticas e procedimentos, decisões explícitas, uso de recursos, percepções e níveis de satisfação declarados, humores.

Aspectos invisíveis:
Pressupostos e presunções, valores, normas implícitas, interações informais e comunicações não verbais, atitudes, tensões e conflitos, crenças, sentimentos e emoções.

Figura 1 - Elementos da cultura organizacional da escola

É muito importante ter em mente que o que aparece na superfície pode ser camuflado, a partir da necessidade de "parecer bem na fotografia", deixando de apresentar o retrato fiel da cultura escolar tal como ela é. Como nós, também a escola tem várias imagens, sendo a real dificilmente conhecida. Todos temos várias imagens: a correspondente ao que pensamos que somos, a que os outros pensam que so-

Gestão da cultura e do clima organizacional da escola

mos, a que pensamos que os outros pensam que somos, e a que corresponde ao que realmente somos, dificilmente conhecida, até mesmo por nós (FRITZEN, 2006).

2 Explorando os conceitos de clima e cultura organizacional

Em geral, clima e cultura organizacional são descritos como dois conceitos intimamente associados, por estarem inseridos aspectos de um nos do outro, de tal modo que se percebem aspectos do clima na cultura e vice-versa. Comumente, um é explicado pelo outro, quase que de maneira tautológica, como muitas vezes o faz o dicionário descrevendo, por exemplo, a responsabilidade como "o ato de ser responsável" ou indicando que a certeza é absoluta, que um ato "é expressamente proibido", que "os detalhes são minuciosos". Quase que da mesma forma também se explica a cultura como sendo o clima e o clima como sendo a cultura; vamos acrescentar apenas poucos elementos ao entendimento desses conceitos, conforme se verá a seguir.

A aproximação dos dois conceitos é apontada por Lempek (2007), citando Iasbeck, ao indicar que o **clima** organizacional traduz a **dinâmica cultural** e que a temperatura desse clima corresponde a uma fotografia da **cultura organizacional**, isto é, um conceito corresponderia ao outro. Portanto, ambos os autores reconhecem o clima como uma condição da cultura. Lima e Albano (2002) indicam, por sua vez, citando Souza, que o clima organizacional é resultado dos elementos da cultura. Por sua vez, Campos (2002: 125), interpretando e reproduzindo palavras de Souza, esclarece o entendimento de que "a parte mais ampla e imediatamente reconhecível da cultura é o clima organizacional, que é um 'fenômeno resultante da interação dos elementos da cultura'". Também Pol et al. (2007) identificaram o clima como um dos elementos da cultura organizacional.

Há autores, portanto, que utilizam um conceito para explicar o outro, sobrepondo um ao outro, ou estabelecendo íntima relação entre ambos de forma convergente. Por exemplo, Thurler (2001: 89) explica "o clima como reflexo da cultura de uma escola", e por outro lado indica que a cultura de um estabelecimento de ensino "determina, em parte, seu clima, o moral, o prazer, o bem-estar ou a eficácia dos professores e alunos".

Evidencia-se, a partir dessas explicações, que o estudo realizado para entender um conceito ou outro não pode ter outra repercussão que não a possibilidade de desvelar um conjunto complexo de elementos e fatores, em sua dinâmica e inter-relação, e não para dissociá-los completamente e compreendê-los como realidades distintas e, portanto, quem sabe, artificializando a realidade que representam. Tratam-se, esses conceitos, de expressões complexas e multifacetadas do fazer humano, nunca pronto

Gestão da cultura e do clima organizacional da escola

e acabado e sempre em evolução dinâmica, de que resulta a dificuldade de sua significação e conceituação plena. Além do mais, eles são objeto de análise por diferentes pontos de vista, como, por exemplo, o da Antropologia, da Sociologia, da Psicologia e até mesmo da Economia. Não se pretende, pois, ao apresentar diferentes conceitos neste trabalho, validar um deles em detrimento dos demais, nem optar por um conceito unificador e excludente, mas, sim, explorar possibilidades múltiplas de compreensão abrangente, embora se faça um esforço também por estabelecer elementos distintivos entre os conceitos. O importante é sua utilização como referencial para compreender a realidade escolar, de modo a se poder melhor atuar em seu contexto e mais efetivamente contribuir para que a escola se torne mais eficaz na realização de seus objetivos socioeducacionais.

Logo, de modo a contribuir para a realização da gestão e liderança educacional, as explicitações a seguir apresentadas de um e outro conceito servem ao objetivo de destacar elementos de uma mesma realidade, não se devendo perder de vista a compreensão dinâmica de seus elementos e sua interatividade na intervenção sobre a mesma. Destaca-se, pois, que a exploração de significados em torno de clima e de cultura organizacional tem, sobretudo, o objetivo de identificar e analisar seus significados múltiplos, que permanecerão, no entanto, de certa forma ambíguos e, sobretudo, incompletos.

3 Em que consiste clima organizacional

Em geral, identifica-se que o clima organizacional constitui-se na expressão mais à superfície da cultura organizacional e, por isso, mais facilmente observável, caracterizada pelas percepções conscientes das pessoas a respeito do que acontece em seu entorno. O clima é, pois, identificável pelas representações que estas pessoas fazem sobre tudo o que compõe o seu ambiente de vivência e que lhe provoca estimulações, que passam por suas percepções, motivando seu posicionamento a respeito, assumido a partir dos significados construídos em relação a esse conjunto de coisas.

O clima organizacional corresponde a um humor, estado de espírito coletivo, satisfação de expressão variável segundo as circunstâncias e conjunturas do momento, em vista do que seu caráter pode ser sobremodo temporário e eventual, dependendo da resolução das condições que criam essas características – daí ser também cognominado de atmosfera. Evidencia-se que esse humor pode ser resultado não só dos elementos culturais instalados na escola (em cujo caso tende a ser mais constante), como pela influência de elementos externos, como, por exemplo, uma reforma no prédio escolar, a introdução de novas tecnologias, o falecimento de alguém. Caso o humor e estado de espírito sejam superados rapidamente, não alteram o caráter do fazer coletivo da es-

Gestão da cultura e do clima organizacional da escola

cola, deixando de se instalar como uma característica da cultura escolar. Porém, na medida em que se expressem de maneira intensa e continuada, tendem a ser incorporadas no fazer escolar e a constituir sua cultura. Portanto, aquilo que é identificado como marca da escola, como seu "jeito", por seu caráter contínuo, mesmo diante de variações situacionais, representa sua cultura.

O clima é considerado como sendo um momento no conjunto de experiências da escola (MORAES, 2010). Também é entendido que se reporta ao comportamento organizacional em relação aos aspectos que mais influenciam na percepção dos problemas educacionais no interior da escola (BISOGNIN; NICOLAU & GRACIOLI, 2010) e ainda é visto como a maneira como as pessoas pensam, percebem, interpretam e reagem à organização, a normas formais e a comportamento e costumes no interior da escola. O clima organizacional é ainda comumente referido como sendo a fotografia do momento, o humor, que varia conforme alterações e acontecimentos.

De qualquer forma, em geral as referências ao clima organizacional, mesmo que associadas à cultura organizacional, são feitas destacando o caráter temporário, a sujeição a mudanças circunstanciais em vista do que se refere a aspectos mais fácil e rapidamente influenciados pelos esforços de gestão e liderança.

Considerando-se que o clima faz parte da cultura escolar, constituindo-se em seu elemento mais aparente, conclui-se que se pode, por conseguinte, mais fácil e rapidamente, influenciar a cultura a partir da gestão e liderança sobre os aspectos observáveis que ajudam a conformar a cultura. O processo dessa mudança, de qualquer modo, deve ser realizado de forma reflexiva considerando questões várias, como, por exemplo: Que natureza o clima organizacional da escola expressa? Qual seu nível de aproximação com os valores educacionais? O que cria e mantém o clima existente? Como as pessoas agem e reagem diante desse clima? O que precisa ser mudado no clima escolar e por quê? Como utilizar positivamente as energias subjacentes?

O papel e a influência do diretor da escola sobre o clima organizacional da instituição é reconhecido em estudos, até mesmo em percepções cotidianas. Estas são resumidas na asserção comumente feita de que "a escola tem a cara de seu diretor". De fato, observa-se que se o diretor escolar é omisso e adota uma atitude de indiferença diante dos desafios escolares e das situações difíceis, deixando-as ocorrer sem interferência, ou enfrentando-os apenas burocraticamente, assim costuma ser o clima escolar: descompromissado ou burocratizado; se o diretor é autoritário e atua sobretudo sobre as questões formais, a prática geral da escola adota

Gestão da cultura e do clima organizacional da escola

essa tendência e até a avaliação da aprendizagem dos alunos passa a ser praticada como uma questão de exercício de autoridade ou formalismo, focada na nota que precisa ser dada para cumprir essa exigência e deixando de ter papel pedagógico e de *feedback*. Se, por outro lado, o diretor adota um olhar atento às questões pedagógicas e à aprendizagem dos alunos e oferece continuamente esse modelo de atuação e orientações aos professores, assim também eles tendem a atuar.

A observação dessas relações revela, pois, como o clima organizacional da escola é percebido e como é sobremodo influenciado pela qualidade da liderança exercida na escola. Dessa forma, sendo a liderança exercida de maneira democrática, autoritária ou ao estilo *laissez-faire*[11], características semelhantes às desse estilo tendem a ser observadas em relação ao clima escolar.

---

11. Ver, a respeito de estilos de gestão, *Liderança em gestão escolar*, já referido. A elaboração desse livro contribuiu para que a autora fosse conduzida a prestar atenção aos processos sociais da escola, que contribuíram para amadurecer a questão da cultura organizacional da escola, a qual conduziu para a elaboração do presente livro.

Quadro 1 - Resenha sobre o clima organizacional da escola

Aspectos	Natureza
O que é	Grau de satisfação material e emocional do conjunto dos membros de uma organização a partir de como a percebem (CODA, 1997; LUZ, 1996; QUEIROZ, 2005). Forma de interação entre os membros de uma organização (SOUZA, 1978; LITWIN, apud BISOGNIN; NICOLAU & GRACIOLI, 2006). Atmosfera psicológica existente em uma organização, que influencia a maneira como as pessoas agem e reagem. Valores e atitudes assumidos pelas pessoas de uma organização (BENNIS, 1997). Reflexo da cultura de uma organização (LIMA & ALBANO, 2002).
Por que existe	Expressar a satisfação ou insatisfação dos atores com os eventos, circunstâncias, condições vigentes.
Como se manifesta	Percepções, atribuição de significados expressos em discursos, indicadores de satisfação.
Como é formado	Resulta especialmente de fatores internos da organização escolar, sobretudo do estilo de gestão, liderança e de decisões tomadas, porém é influenciado por fatores externos.
Elementos que o sustentam	Estilos de gestão e liderança. Varia segundo a situação psicológica e o estágio motivacional em que se encontram as pessoas na organização.

Gestão da cultura e do clima organizacional da escola

Aspectos	Natureza
Observações	Condições não resolvidas do clima e deixadas a si mesmas tendem a se cristalizar, institucionalizando-se, isto é, incorporando-se ao modo de ser e de fazer da escola, contribuindo, dessa forma, para a constituição de uma cultura organizacional negativa. O clima influencia o desempenho e o rendimento escolar. O clima organizacional não é uniforme em toda a escola, uma vez que, pela diversidade das pessoas que a formam, com interesses e personalidades diferentes, haverá sempre diferentes reações aos mesmos fatos.

4 Em que consiste cultura organizacional

Conforme já indicado, cada escola apresenta uma cultura diversa, que marca a qualidade de seu desempenho e, desse modo, afeta seus resultados educacionais. Essa cultura é constituída por uma trama diferenciada de circunstâncias e de relações entre pessoas, por uma dinâmica interpessoal diversificada, por variações na interpretação de demandas e até mesmo pela definição personalizada de seu papel. Estes são, dentre muitos aspectos, elementos que formam a cultura organizacional de uma escola e lhe atribuem uma personalidade peculiar.

Cultura organizacional corresponde a um conceito complexo que cobre um conjunto de múltiplos aspectos da vida de uma organização (NATZKE, 2001). Resumidamente, é apresentada como sendo um "conjunto de pressuposições básicas que um grupo inventou, descobriu ou desenvolveu ao aprender como lidar com os problemas de adaptação externa e integração interna, e que funcionou bem o suficiente para serem considerados válidos e ensinados a novos membros como a forma correta de perceber, pensar e sentir em relação a esses problemas" (SCHEIN, 1992: 12). De maneira mais simples, Schein (2002) identifica que a cultura corresponde ao conjunto de pressupostos básicos desenvolvido coletivamente no enfrentamento de desafios da organização. A cultura organizacional corresponde, portanto, ao conjunto de tradições, conhecimentos, crenças, manifestações pelo senso comum, cujo conteúdo é passado de uns para os outros mediante contato pessoal direto, por comportamentos, atitudes, discursos, relato de histórias, de forma implícita e comumente sem consciência por quem a passa e por quem a recebe. Corresponde, portanto, ao folclore das organizações.

A cultura organizacional é conceituada por Nassar, segundo Lima e Albano (2002: 34), como sendo "o conjunto de valores, crenças e tecnologias que mantêm unidos os mais diferentes membros, de todos os escalões hierárquicos, perante as dificuldades, operações do cotidiano, metas e objetivos". Esse conceito se afina com as propostas que apontam quatro **dimensões da cultura**:

i) valores,

ii) heróis,

iii) ritos e rituais e

iv) rede de relacionamento e comunicação.

Ao identificarem essas dimensões, Deal e Kennedy (1992) apontaram constituir-se a cultura no fator mais importante responsável pelo fracasso ou sucesso de organizações.

Os conceitos apresentados na literatura sobre cultura organizacional em geral apontam, por consequência, para uma construção coletiva e mais ou menos duradoura – embora mutável – da identidade real da escola, para aqueles aspectos mais peculiares de seu modo de ser e de fazer, que ela efetivamente expressa em seu embate cotidiano, no enfrentamento dos desafios diários de seu trabalho.

A cultura consiste, pois, no modo real de ser e de fazer da escola, isto é, em sua personalidade coletiva, que é constituída a partir de como as pessoas, em conjunto, pensam e agem. **Vários aspectos expressam a cultura**, dentre os quais:

i) a dinâmica global da escola;

ii) o papel profissional assumido por seus atores e a relação deste com o papel social da escola na comunidade;

iii) os processos de comunicação e relacionamento interpessoal adotados;

iv) o uso e o cuidado com os espaços;

v) a disposição e o uso de artefatos e objetos expostos em seus vários ambientes, indicativos do que é julgado importante por seus profissionais e do que pretendem reforçar e orientar.

Enfim, a cultura organizacional da escola se refere a tudo que diz respeito às práticas interativas manifestadas de modo a constituir-se em regularidades, e que, portanto, ao mesmo tempo expressam e condicionam seu modo de ser e de fazer, a peculiaridade e singularidade do estabelecimento de ensino.

A cultura se expressa por um conjunto de regras, códigos e expectativas de comportamento não escritas que condicionam as atitudes dos atores escolares. Tendo em vista seu caráter tácito, não explícito, é difícil de ser objetivamente reconhecida, em vista do que se torna mais difícil seu processo de mudança, que exige habilidades especiais de liderança, determinação, comprometimento e perseverança, além de acuidade perceptiva, muita atenção e sensibilidade. Nesse processo é importante levar em consideração tanto os aspectos do desempenho humano como das condições do ambiente e do contexto escolar que contribuem para sua criação e condicionam os diversos aspectos da cultura organizacional.

Gestão da cultura e do clima organizacional da escola

> A cultura exerce um papel mobilizador e unificador de todo um conjunto de indivíduos em torno do que é julgado adequado, de modo a estabelecer um entendimento comum e recíproco que torna a atuação conjunta mais fácil. Segundo esse princípio, todos que ingressam na escola são compelidos a adaptar-se à cultura vigente, como uma condição para sua aceitação e integração. Uma vez que os valores orientadores da cultura estejam formados com forte impacto do senso comum e significados construídos a partir de impressões, as escolas se tornam menos efetivas na promoção de aprendizagens significativas dos alunos (DEBLOIS & CORRIVEAU, 1994).

Por conseguinte, a cultura organizacional envolve um conjunto de elementos interatuantes, aprendidos coletivamente na prática escolar e formadores de um todo unitário e peculiar. Em conjunto e de forma interativa, esses elementos exercem um papel articulador das práticas organizacionais e são contribuintes na construção de sentido, identidade e gestão intuitiva de relações entre os membros de uma organização mediante processo de partilha e interação, colaborando, em última instância, para exercer um papel mobilizador e articulador da ação das pessoas, em conjunto (MATIAS, 2007).

Esses aspectos, em grande parte, manifestam-se de forma subliminar às ações, não sendo revelados explicitamente, em vista do que precisam ser inferidos a partir da observação, reflexão e interpretação de seu significado. Dentre esses elementos, destacam-se:

i) Ideário ou preceitos, expressos por crenças, pressupostos, normas tácitas, padrões de comportamento, hábitos de pensamento, modelos mentais, padrões linguísticos, valores, códigos informais e regulamentos em prática, hábitos e costumes, muitos dos quais implícitos e não escritos, códigos de recompensas;

ii) Tecnologia, caracterizada pelo conjunto de processos, e modo de fazer as coisas – seu saber fazer –, o seu modo de organizar e compartilhar responsabilidades, de usar o tempo, que extrapola as proposições formais de cronograma;

iii) Caráter, constituído por sentimento e reações das pessoas sobre todo o conjunto de coisas e sobre seu papel no contexto da organização, de seu "quefazer".

Quadro 2 - Resenha da cultura organizacional da escola

Aspectos	Natureza
O que é	Conjunto de expressão implícita de regras e princípios que caracterizam a organização e se expressam em seu modo de ser e de fazer. Fenômeno interno construído interativamente, criando laços e coesão interna entre os participantes de um grupo. Conjunto de pressupostos básicos desenvolvidos coletivamente no enfrentamento de desafios da organização (SCHEIN, 1992).

Gestão da cultura e do clima organizacional da escola

Aspectos	Natureza
Por que existe	Contribui para dar ordenamento e estabelecer estabilidade ao grupo.
Como se manifesta	Clima social. Opiniões, narrativas. Uso de artefatos, espaços, tempo, bens em geral, talento pessoal. Ideias compartilhadas, discurso, representações simbólicas. Costumes, ritos e rituais, cerimônias. Símbolos visuais. Histórias e celebração de heróis.
Como é formada	Formas de encadeamento e elos entre os membros do grupo mediante comunicação e relacionamento interpessoal. Processos de tomada de decisão. Estilos de liderança e gestão. Enfrentamento de problemas e desafios.
Elementos que a sustentam	Valores. Pressupostos, suposições. Expectativas. Significados. Preferências, sentimentos, emoções.
Formação	Interação humana coletiva no enfrentamento de problemas e desafios cotidianos, associada ao trabalho cooperativo, à aprendizagem conjunta, à tomada de decisões e solução de problemas, a partir das quais se constroem significados.
Observações	Na medida em que na escola falta ou é hesitante a liderança orientada por objetivos sociais e orientadora de sua efetivação e estabelecimento de um sentido social e superior aos atores de um grupo, estes buscam, em seu interior, elementos e condições para organizar-se, criando uma cultura própria, caracterizada pelo ensaio e erro.

> Na medida em que a coesão interna da escola esteja embebida em valores sociais e educacionais superiores, tendo como fulcro orientador os interesses dos alunos, a escola tem sua energia mobilizada pelos princípios da qualidade do ensino.
> Escolas efetivas na promoção da aprendizagem dos alunos apresentam características culturais comuns: forte liderança educacional, elevadas expectativas, padrões de qualidade elevados, clima organizacional marcado por respeito, ética e confiança entre os membros, projeto pedagógico compreendido e assumido por todos.

5 Cotejamento de distinções relativas entre os conceitos de clima e cultura organizacional

Há, portanto, uma aproximação muito grande entre clima e cultura organizacional, uma vez que fazem parte de um mesmo fenômeno complexo e abrangente. No entanto, é possível estabelecer diferenças entre esses conceitos, cujo papel é importante para auxiliar o gestor escolar na liderança e intervenção em relação a esse fenômeno tomado em conjunto. O Quadro 3, a seguir, destaca algumas dessas diferenças relacionadas à sua natureza, ao seu conteúdo, possibilidades de seu conhecimento, nível de inferências em relação aos fenômenos observados, elementos estruturantes e estruturados em relação a seus fenômenos e processo de sua mudança.

Gestão da cultura e do clima organizacional da escola

Quadro 3 - Cotejamento de distinções relativas entre os conceitos de clima e cultura organizacional

Aspecto	Clima	Cultura
Natureza	Transitória, superficial.	Duradoura, embora não permanente; profunda.
Conteúdo	Percepções, reações imediatas.	Valores, crenças, traços culturais integrados.
Como conhecer	Pela observação do processo de comunicação e relacionamento interpessoal; por inventários de níveis de satisfação e questionários para avaliação de percepções etc.	Pela análise de elementos ilustrativos de valores, crenças, em histórias, relatos, linguagens, símbolos, uso de recursos etc.
Nível de inferência	Baixo, mais próximo dos fatos observados.	Elevado, mais distante dos fatos observados.
Elementos estruturantes e estruturados	Relações interpessoais e comunicação.	Emoções, julgamentos, experiências intensas de significado.
Mudança	Mais fácil e mais rápida.	Exige muito tempo, perseverança e perspicácia.

6 Dimensões do clima e da cultura organizacional da escola

O clima e a cultura organizacional da escola são, por conseguinte, conceitos complexos por expressarem um conjunto de múltiplos e dinâmicos fatores, dimensões e características, todos intimamente relacionados e de grande importância na determinação da qualidade dos processos educacionais. Na medida em que se pretende exercer influência consciente e positiva sobre eles, como deve ser feito pela gestão e liderança escolar, é necessário que se conheçam e se compreendam quais são eles, como interagem entre si, como são formados, como evoluem, dentre outros aspectos e desdobramentos. Vale dizer que é sobre esses aspectos especificamente que se atua e não diretamente sobre o clima e a cultura como um todo, de modo a se poder influenciar essas realidades a partir de suas partes, porém sempre mediante lógica interativa, com uma perspectiva do todo.

A seguir, no Quadro 4, são apresentadas características manifestadas na escola que expressam em um *continuum* diferentes dimensões e aspectos do clima e da cultura organizacional de uma escola, representando, em seu conjunto, o modo de ser e de fazer. O instrumento "Avaliação de características da cultura escolar", apresentado no Anexo 2, ao final deste livro, pode ser utilizado por gestores escolares

Gestão da cultura e do clima organizacional da escola

para avaliar se sua escola se situa mais como cultura organizacional com limitações educacionais, ou se essa cultura se aproxima da cultura educacional e, portanto, como cultura organizacional positiva, caracterizada como um ambiente promissor na promoção da formação e aprendizagem dos alunos.

Quadro 4 - Características do clima e da cultura organizacional da escola, segundo aspectos e dimensões de seu ambiente

Dimensões/aspectos	*Continuum* de características	
Ambiente emocional	Alegre, leve, acolhedor, produtor de bem-estar.	Irritável, tenso, produtor de mal-estar.
Aprendizagem	Participativa, dinâmica, orientada pelo princípio da descoberta, objetivo da escola como um todo.	Formal, estática, fragmentada, orientada pelo princípio da certeza, objetivo a ser realizado pelos alunos.
Atividade	Dinâmica, participativa, envolvente.	Estática, fragmentada, formal.
Autoridade	Focada no exercício de responsabilidade.	Focada no exercício das funções do cargo.
Comunicação	Clara, aberta, contínua.	Distorcida, fechada, rara.
Comunidade	Amistosa, solidária, inclusiva.	Excludente, departamentalizada, segregadora.

Desenvolvimento de competências profissionais	Autoiniciado e auto-orientado, contínuo e sistematizado.	Heteroiniciado e heteroorientado, esporádico.
Expectativas de resultados	Elevadas e explícitas.	Baixas e camufladas.
Iniciativa	Orientada para a realização de tarefas e atividades.	Orientada para a produção de resultados.
Liderança	De coordenação e orientação.	De controle e cobrança (falsa liderança).
Melhoria	Definida como um modo de ser da escola – melhoria contínua.	Definida por projetos espe- ciais – melhoria por projetos.
Mudança	Receptiva a inovações e mudanças, flexível e permeável.	Resistente a inovações e mudanças, conservadora e impermeável.
Organização	Ordenada.	Desordenada.
Poder	Disseminado.	Centralizado.
Responsabilidade	Assumida como própria, auto-orientada e focada no conjunto dinâmico de resultados pretendidos.	Assumida como externa, transferência de responsabilidade. Heteroorientada e focada no cumprimento de atividades, tarefas e funções.

Gestão da cultura e do clima organizacional da escola

Dimensões/aspectos	*Continuum* de características	
Relações interpessoais	Amigáveis e recíprocas.	Impessoais e unilaterais.
Tempo	Organizado e estruturado, embora flexível.	Não planejado e organizado, falta de consciência de seu valor.
Tomada de decisão	Participativa, baseada em fatos.	Centralizada, baseada em opiniões, formal.

É importante ter em mente que o que constitui e mantém uma cultura é um sistema de relações entre pessoas, a partir de uma prática estabelecida de comunicação verbal e não verbal. Desse modo, tão importante como determinar como é uma referida cultura, é descobrir quais as redes de relações estabelecidas que disseminam e mantêm suas características. Como é o processo de comunicação e de relacionamento interpessoal em sua escola? Que significados são expressos nesse processo? Quem exerce mais influência na rede de comunicação e relacionamentos? Qual a natureza dessa influência e seus resultados?

A partir da identificação de aspectos tais como os apontados nessas questões, e da análise de suas formas de expressão e motivações orientadoras, é possível interferir de forma consciente e consistente no desenvolvimento de uma cultura escolar mais positiva, construtiva e efetiva, segundo a orientação dos propósitos educacionais da escola.

II
O espaço sociocultural da escola e seu cotidiano

A atenção atribuída ao clima e à cultura organizacional da escola, e a adoção desses conceitos para compreender o trabalho escolar e atuar de forma abrangente em seu contexto, assentam-se sobre pressupostos relacionados a um novo paradigma[12], segundo o qual as escolas são dinâmicas e se desenvolvem de acordo com essa energia de perspectiva psico-sócio-cultural com enfoque e objetivos educacionais. Vendo-se a escola como organização viva, reconhece-se a significação e o impacto dessa dimensão na determinação da qualidade dos processos educacionais e do ensino.

Essa mudança de paradigma superou o ponto de vista mecânico, fragmentador, linear e formal sobre a escola e orientou uma visão com perspectiva psicossocial reveladora de importantes e significativas

---

12. Sobre a mudança de paradigma, cf. nesta série de Cadernos de Gestão, da Editora Vozes, o primeiro volume, *Gestão educacional: uma questão paradigmática*, de autoria de Heloísa Lück.

Gestão da cultura e do clima organizacional da escola

dimensões sobre seu trabalho, de natureza humana e social e de forte caráter interativo. Diante desse fenômeno, ocorreu o despertar do olhar de gestores escolares e educacionais para o clima e a cultura organizacional da escola, de modo a permitir e orientar o entendimento, de forma integrada, das relações de poder[13] e das correlações de força, das manifestações de interesses, das tensões e conflitos, das ações e reações, enfim, das expressões humanas e especificidades de sua atuação que caracterizam e revelam o modo de ser e de fazer escolar.

Esse novo olhar é orientado pela consciência e compreensão de seu papel e influência sobre a qualidade do processo educacional e seus resultados, passando por uma série de fatores e pressupostos não evidenciados sob o enfoque do paradigma linear formal, com foco na administração. Este tende a ver a escola como uma máquina, organizada burocraticamente e orientada normativamente, mediante relações formais e estruturas hierárquicas e lineares, que contribuem para a formação de relações impessoais, muitas vezes pouco consistentes, fragmentadas e reducionistas (SANTOS, 2005; LÜCK, 2009).

---

13. Cf., a respeito, a unidade 4 do livro *A gestão participativa na escola*, desta série de Cadernos de Gestão, da Editora Vozes, de autoria de Heloísa Lück. O tema abordado é "o jogo de poder na construção da cultura escolar".

1 A escola como organização social

O novo paradigma reconhece que a escola é uma organização social, um espaço sociocultural interativo que se constitui em um ambiente onde se manifestam múltiplas dimensões dinâmicas que se movimentam como expressão de vontades, interesses e intenções, conforme a seguir apontado. Estas se fundamentam em condições que demandam a atenção contínua dos gestores escolares sobre os processos socioculturais presentes na dinâmica cotidiana da escola, que se constituem em veículo e condição determinantes da qualidade do ensino.

i) A escola é uma organização social

Uma escola é muito mais do que um prédio e suas condições materiais e recursos de funcionamento. Não é tão somente um lugar onde se desenvolve um currículo, nem uma estrutura administrativo-pedagógica, nem, muito menos, um conjunto de espaços onde aulas são dadas. Ela é uma organização social, isto é, uma coletividade dinâmica, intencionalmente organizada com o objetivo de promover com seus alunos o desenvolvimento de cidadãos críticos, mediante sua compreensão do mundo, de si mesmos e de seu papel nesse mundo, pela vivência de experiências sociais significativas. E é na medida em que estes resultados de fato orientem seu trabalho que se tem uma escola em seu sentido pleno.

Vale dizer, portanto, que é na gestão dos processos de comunicação e relacionamento interpessoal

Gestão da cultura e do clima organizacional da escola

organizados da coletividade escolar, com qualidade social, constituída por um ambiente voltado para a formação e aprendizagem dos alunos, que se vincula a possibilidade de que se efetive trabalho educacional com significado social na escola. Destaca-se, por conseguinte, que é na medida em que se maximize o potencial dessa coletividade, devidamente organizado e orientado para a compreensão de desafios amplos da escola como organização de responsabilidade social, e enfrentamento dos mesmos com perspectiva educacional, que se torna possível promover a aprendizagem do aprender a aprender, do aprender a ser, do aprender a fazer e do aprender a conviver, anteriormente referidos (DELORS, 1999).

> Uma escola é verdadeiramente representada por seu modo de ser e de fazer, sua organização social e não apenas por suas condições físicas, materiais e estruturais. E é na medida em que esse modo de ser e de fazer esteja impregnado da valorização e do atendimento com elevada qualidade das necessidades de aprendizagem dos alunos que se constitui em uma escola em sentido pleno.

ii) A escola é um espaço sociocultural interativo

Na teia de intercomunicações e relações que estabelece em seu interior e com o contexto externo, uma escola é um espaço em que um modo de ser e de fazer se forma e se define, traduzindo e expressando, reforçando e criando de forma subjacente, ao mesmo tempo, um conjunto de valores, de crenças e visões de mundo. Na medida em que deixe de haver, no contexto do estabelecimento de ensino, um esforço intencional de reflexão sobre as orientações subjacentes às ações, comportamentos e interações em efeito, e deixe de ser levada em consideração a perspectiva dos valores educacionais e interesses sociais mais amplos na orientação daqueles aspectos, fica a atuação escolar limitada ao imediatismo, ao individualismo e ao corporativismo, que tornam a escola uma organização fechada em si mesma, sem vitalidade para a determinação de seu papel social e, portanto, com limitações para promover ensino de qualidade.

> A escola corresponde a um ambiente educacional caracterizado por um processo humano peculiar que se realiza a partir de comunicações e interações constantes.

iii) A escola é um contexto de múltiplas dimensões e dinâmicas

Pela complexidade da ação educacional e pela dinâmica humana e interpessoal que esta ação envolve, é expressa, na cultura organizacional da escola, uma série de dimensões interinfluentes, traduzidas por sinais objetivos e observáveis, cuja significação é peculiar no contexto em que ocorre e explicável nesse mesmo contexto. Uma escola é, por conseguinte, caracterizada por uma rede de dimensões e dinâmicas em contínua interação e interinfluência, não sendo possível conhecê-la, senão a partir do conhecimento e compreensão dessas interação e interinfluência devidamente contextualizadas. Logo, não

Gestão da cultura e do clima organizacional da escola

se pode conhecer e explicar as expressões e características da escola, salvo em seu contexto concreto, objetivamente dado.

Os movimentos e as dinâmicas expressando dimensões cognitivas, afetivas e psicomotoras, sociológicas, psicológicas, antropológicas e biológicas, dentre muitas outras, ganham repercussão positiva na medida da compreensão de suas interações entre si e com o ambiente onde ocorrem. Procurar conhecê-las isoladamente corresponde a um esforço exercido ainda no plano inicial, superficial e limitado, em detrimento de uma perspectiva mais ampla, dinâmica e cultural. Torna-se necessário, portanto, superar a tendência ao isolamento de variáveis e à intervenção fracionada, sem perspectiva abrangente e interativa.

Uma escola é caracterizada por uma rede de dimensões e dinâmicas em contínua interação e interinfluência, não sendo possível compreendê-la, senão a partir do conhecimento e compreensão dessas interação e interifluência.

2 O cotidiano escolar e a regularidade de suas práticas[14]

O cotidiano escolar representa, segundo Galvão (2004: 28), "o conjunto de práticas, relações e situa-

---

14. Este segmento reproduz em parte o capítulo 10 do livro de Heloísa Lück, *Dimensões em gestão escolar*, publicado em 2009 pela Editora Positivo, em parceria com a Fundação Lemann.

ções que ocorrem efetivamente no dia a dia de uma instituição educacional, episódios rotineiros e triviais que, ignorando por vezes os planejamentos, constituem a substância na qual se inserem crianças ou jovens em processo de formação". Ainda segundo essa autora, "é na vida cotidiana que atuam os profissionais e que se dão as interações entre os diversos atores que participam direta ou indiretamente do processo de educação" (GALVÃO, 2004: 28).

O conceito de cotidiano escolar lembra o caráter contraditório, ambíguo e ambivalente que existe na escola. Ele revela a dinâmica da escola como organismo vivo marcado por tensões entre acomodação e transformação, conformismo e resistência, interesses individuais e interesses coletivos, conservação e inovação, senso comum e proposições teóricas, espontaneísmo e organização, dentre outros aspectos. A gestão do cotidiano pressupõe, portanto, a atuação no sentido de diminuir o espaço das contradições e promover as articulações necessárias para favorecer a superação de diferenças, sem perder a riqueza da diversidade.

Focalizar o cotidiano escolar representa ver a escola como ela é em seu dia a dia, de modo a se poder ajudá-la a tornar-se o que deve ser para desempenhar seu papel social. Representa vê-la em sua historicidade e em sua contextualização, a partir de seus embates diários, superando a tendência de vê-la a partir de idealizações.

Gestão da cultura e do clima organizacional da escola

É, pois, no cotidiano que o clima e a cultura organizacional se manifestam, em vista do que o conceito de cotidiano escolar é importante por colocar em evidência a realidade da escola como ela é, que se constitui em importante elemento da ação educacional. Conhecer como se dão as práticas e as relações no dia a dia da escola constitui-se em condição fundamental para compreender esse clima e cultura e, dessa forma, identificar o que ela precisa e deve ser para tornar-se um ambiente educacional capaz de promover a aprendizagem e a formação que os alunos precisam ter para poderem desenvolver as competências pessoais necessárias a fim de enfrentar os desafios de vida com qualidade, na sociedade globalizada da informação e do conhecimento.

Isto posto, conclui-se que não se melhora uma escola simplesmente melhorando seus planos de ação, seu projeto político-pedagógico, suas condições físicas e materiais, suas normas e regulamentos, a organização de seu espaço, a distribuição e uso do tempo etc. Nenhuma melhoria ocorre mediante a simples modificação desses ou de outros aspectos, tal como se tem observado através de décadas de políticas educacionais orientadas para essas mudanças, sejam isoladas ou em conjunto, conforme indicado anteriormente. Verifica-se que quando não são promovidas mudanças nas práticas do cotidiano, que alterem seu clima e cultura organizacional, mantém-se o *status quo* nas escolas, embora se alterem os discursos oficiais a respeito delas e do seu trabalho.

Em vista disso, emerge como relevante, no conjunto das ações para melhorar a qualidade do ensino, conhecer as múltiplas marcas do cotidiano escolar, compreender seus desdobramentos, reconhecer os fatores que mantêm as práticas que se repetem todos os dias ou são realizadas habitualmente, dentre outros aspectos. Debruçar-se sobre o cotidiano escolar, com um olhar observador e perspicaz, a fim de que se possa vislumbrar a alma da escola real e concreta é trabalho inerente à gestão escolar em sua atuação gestora e de liderança. Pois é sobre o cotidiano escolar que a equipe gestora atua, observando e levando em consideração suas regularidades como elemento pelo qual se promove a melhoria do desempenho educacional. Por regularidade entende-se a prática ou situação repetida regularmente, sem que se tenha suas regras explicitadas; constitui-se em um modo de fazer cujos interesses e motivações permanecem escondidos e não revelados (CERTEAU, 2007), portanto, não questionados, mesmo que não contribuindo para a realização dos objetivos educacionais.

As regularidades estabelecidas no cotidiano escolar, isto é, suas práticas habituais e as construídas a partir das formas como são tomadas as decisões na escola e como são orientadas ou deixadas de orientar as situações em seu dia a dia, cobrem todos os seus aspectos praticados regularmente. Trata-se de uma dimensão plural e multifacetada constituída de fazeres sistemáticos que passam sem questionamento.

Gestão da cultura e do clima organizacional da escola

Por conseguinte, na regularidade da vida da escola inúmeras práticas são levadas a efeito, sem que se questione suas orientações subjacentes e as intenções com que são praticadas, nem também seus resultados. Pode-se citar, como exemplo, as ações chamadas disciplinares – ou ausência delas –, a organização de horários de aula, os estilos de relacionamento e comunicação interpessoal, para nomear apenas algumas. Ao se examinar essas práticas, pode-se verificar que nem tudo que se realiza na escola é feito segundo princípios e valores educacionais e promovido em favor da aprendizagem dos alunos, permanecendo, no entanto, intocadas através dos tempos. Isso porque o que acontece no dia a dia da escola, se for regular, é muitas vezes convencionado tacitamente como correto, e, se for eventual, como fenômeno sem importância.

Esse cotidiano, no entanto, tem permanecido como uma caixa-preta, desvalorizado e desconsiderado como menos importante. Verifica-se comumente que, quando se fala em melhorar a escola, busca-se uma estratégia ou alternativa que desconsidera o cotidiano escolar. Ele não tem charme, não tem apelo afetivo ou acadêmico, não tem nem a consideração de sua importância na determinação da qualidade do ensino. Evidencia-se a respeito que essa forma de ver o cotidiano é em si mesma reveladora de uma perspectiva pouco afeita ao comprometimento com a mudança e melhoria.

Uma vez que ele é visto como sem importância na determinação da qualidade do ensino, descuida-se dele quando se pretende promover essa qualidade, do que resulta a continuidade das práticas educacionais menos efetivas e até mesmo contraproducentes na promoção da aprendizagem e formação dos alunos. O cotidiano escolar constitui-se, pois, no ambiente onde se formalizam as práticas socioculturais construídas a partir das diversas atividades exercidas pelas pessoas que constituem esse ambiente. Tais atividades envolvem diversos fazeres, inclusive o do discurso, caracterizados pela dinâmica e pelo movimento.

O estudo do cotidiano revela o que ocorre na escola e seu clima, enquanto que a cultura organizacional revela o que está por trás do que ocorre, a teia de significados que se estabelece e que mantém o que ocorre. São, portanto, conceitos complementares que se integram e se associam. Pequenos atos, poucas palavras repetidas dia após dia, silêncios e olhares desconfiados, são algumas condições observadas no dia a dia que gradualmente vão constituindo o fazer escolar e condicionando indelevelmente o desenvolvimento de significados e formação de hábitos de grande impacto sobre os resultados do trabalho escolar.

Comumente procura-se ver a escola a partir das teorias educacionais, das legislações e dos atos normativos. Esta visão é importante, mas, quando ado-

Gestão da cultura e do clima organizacional da escola

tada com exclusividade, passa a constituir-se em uma condição idealizadora. Tomando-se essas referências como fator de comparação, procura-se ver o que a escola faz e o que deixa de fazer, o que tem e o que deixa de ter em relação aos modelos definidos, desconsiderando-se dessa forma seu clima e sua cultura organizacional, caracterizados por uma variedade de fazeres e de linguagens que, sim, determinam efetivamente a real qualidade do ensino.

Sabe-se que as atividades do dia a dia promovem a produção e a reprodução do indivíduo social. A condição da educação depende, portanto, sobremaneira do cotidiano praticado na escola: daquilo que realmente se faz na escola, traduzindo o ideário de seus executores. O cotidiano tem uma lógica própria em cada escola, e essa lógica é pontuada pelos sujeitos sociais que dão vida e fazem a prática cotidiana. Esses sujeitos e sua história são únicos, daí por que também é única a cotidianidade de cada escola. Nela vamos observar a intensidade da energia aplicada ao trabalho na escola, o direcionamento de seus esforços e a clareza de seus objetivos, dentre outros aspectos.

Em vista disso, para se conhecer o clima e a cultura organizacional da escola é preciso debruçar-se sobre como esses sujeitos se percebem e percebem sua atuação na escola, em sua atuação cotidiana; o que determina essa percepção; quais as maiores influências (externas ou internas) na determinação dessa percepção, que, por certo, recebe grande influência das práticas regulares que ocorrem no interior do estabelecimento de ensino. Quais são essas regularidades, o que as sustenta e mantém, quem as determina, como se expressam são algumas das questões que devem ser observadas.

3 A relação entre aprendizagem e mudança da cultura organizacional

Já ficou evidenciado que o clima organizacional se constitui em uma atmosfera da cultura e, portanto, mais facilmente mutável, conforme soprem os ventos. Porém, a cultura tende a ser mais estável, mais conservadora, sendo por este fato considerada, por olhares menos atentos, como uma condição dada e imutável. Ressalta-se, no entanto, seu caráter dinâmico e mutável.

Conforme identificado por Schein (1992), a cultura é resultado de aprendizagem a partir da experiência coletiva de um grupo, em vista do que pode ser continuamente modificada por novas aprendizagens. Quanto mais fortes e intensas forem as aprendizagens nesse contexto, mais fortes e intensas serão as mudanças culturais. Caso os grupos sejam deixados a si mesmos, as aprendizagens serão mais espontâneas, aleatórias e desorganizadas. Caso se adote um plano ou sistemática de aprendizagem, uma orientação específica e ação intencional ordenada, essa mudança será organizada e orientada para uma determinada direção, de modo a prover a construção

Gestão da cultura e do clima organizacional da escola

da identidade que se deseja dar à instituição educacional e que corresponde a ela assumir.

Portanto, como resultado de aprendizagem coletiva, a cultura organizacional é dinâmica e mutável, sendo afetada por novas aprendizagens que novos eventos e circunstâncias promovem, isto é, pelo clima do momento e as reações e orientações estabelecidas em relação a esse clima. Assim, uma experiência negativa pode gerar, em um dado momento, um clima de insatisfação e falta de confiança no próprio trabalho. Esta condição emergente caracteriza-se como uma condição que, sendo mal conduzida e mal trabalhada, pode se impregnar de tal forma no modo de ser e de fazer da escola que vem a nele incorporar-se e adquirir características de permanência e, por conseguinte, passar a fazer parte de sua cultura. Isto é, aprendeu-se a agir reativamente, em vez de proativamente. O contrário também pode acontecer, diante de experiências bem-sucedidas. O gestor pode aproveitar o clima favorável para reforçar a autoimagem de todos os participantes da dinâmica escolar e levá-los a incorporar, como seu modo de ser e de fazer (sua cultura) as novas práticas e atitudes, os sentimentos e emoções favoráveis, sedimentando um novo acervo de conhecimentos e compreensão sobre a nova condição, associados à proatividade.

Destaca-se, portanto, o caráter dinâmico da cultura, apesar de sua tendência à permanência e continuidade. Logo, nenhuma cultura é fixa, conforme inadequadamente muitas vezes é considerado nos ambientes escolares. Comumente, ouve-se o comentário de significação reativa no sentido de que "isso é cultural", com a conotação de que não se pode fazer nada a respeito. Essa atitude revela, ao mesmo tempo, uma falta de entendimento sobre a dinâmica da dimensão cultural como, também, uma postura de omissão e de falta de comprometimento pela construção e desenvolvimento na escola de uma cultura organizacional positiva, compatível com os fundamentos e objetivos educacionais elevados. O entendimento conservador, uma vez compartilhado coletivamente, pode corresponder a uma característica cultural reativa de pessoas e de organizações escolares, as quais usam esse tipo de entendimento como estratagema para evitar envolver-se em esforços de mudança. É, portanto, possível sugerir que consiste num artifício que esconde uma apatia e desresponsabilização.

Assinala-se que a cultura é formada e constituída pelas pessoas coletivamente organizadas, por seu modo de enfrentar interativamente desafios, sua visão de mundo e de si mesmas nesse mundo e que, portanto, assume as características dadas por esse coletivo. Será conservadora se estes assim o forem. Será inovadora se estes, em conjunto, derem esta orientação contínua a seu trabalho. Será promissora, inovadora, orientada para a melhoria contínua e superação de obstáculos, na medida em que os responsáveis pela gestão e pelo fazer escolar assim se orientarem. E todas essas tendências são aprendidas no contexto do trabalho, donde se conclui que mudanças desejadas estão associadas a novas aprendizagens.

4 Culturas abertas e culturas fechadas

Uma organização cultural pode ser aberta ou fechada, isto é, pode ser conectada com o mundo exterior ou fechada em si mesma. Em geral, pode-se afirmar que quanto mais fechada é uma organização escolar, quanto mais encapsulada em seu modo de ser e de fazer, em suas normas interiores e regularidades, menos efetiva é na realização do trabalho educacional, que, por natureza, demanda comunicação e vinculação com o mundo exterior[15].

Uma **organização aberta**, também denominada de orgânica, é distinguida por características de flexibilidade, adaptabilidade, elevado espírito de participação na tomada de decisões e criatividade orientadas pela renovação, de modo a acompanhar as mudanças do mundo exterior e vincular-se a elas. As comunicações e interações nesse ambiente tendem a ser colaterais, em vez de exclusivamente verticais, promovendo interações formais e não formais, caracterizadas por autenticidade, respeito e empatia.

---

15. O currículo escolar, que dá unidade e consistência ao trabalho pedagógico da escola, deve ser definido levando em consideração o mundo longínquo, mediato e imediato; remoto e próximo, de modo que o aluno possa conhecer o mundo por meio das experiências que lhe oferece, para nele se situar e nele interagir. Também a metodologia do ensino demanda a problematização e contextualização dos conteúdos na realidade, de modo que os alunos possam perceber a vinculação do que estudam com a realidade, e desenvolver competências para seu enfrentamento.

O compartilhamento de poder entre pais, professores e gestores, associado ao compartilhamento de informações e comunicação aberta e liderança compartilhada e distribuída, é marca de uma organização escolar aberta. Vale lembrar que essa comunicação se efetiva não apenas a partir da vontade das pessoas, mas requer por parte de seus participantes a compreensão do processo de comunicação e sua interpretação, habilidades de relacionamento interpessoal, perspicácia na observação de processos de interação e dinâmica de grupo, capacidade de dar e receber feedback, dentre outros aspectos. Também requer a existência de mecanismos de gestão que possam garantir sua regularidade e efetividade.

Uma **organização fechada** é também chamada de mecanicista, reproduzindo todas as características desse tipo de organização (formal, fragmentada, hierarquizada etc.). Ela tende a concentrar poder nas autoridades formais sobre a tomada de decisões e sobre a definição de usos e costumes, e a estabelecer regularidades para preservar esse poder e garantir a continuidade de práticas estabelecidas como legítimas, pelo próprio fato de terem sido estabelecidas.

É possível sugerir que, na medida em que as características de organização fechada sejam mantidas na escola, elas sirvam a um propósito ao mesmo tempo autoprotetor e autodestruidor, pois impede a organização de crescer, de expandir-se e renovar-se, acontecendo o mesmo com as pessoas que nela atuam e com o trabalho que executam.

Gestão da cultura e do clima organizacional da escola

Alerta-se para o fato de que o encasulamento da cultura escolar cria a estratificação de seu modo de ser e de fazer, e promove a manutenção de suas regularidades, em nome da preservação de relações de poder estabelecidas em seu interior. Essa tendência sugere uma atitude reativa, burocrática e protecionista, em nome de uma unidade cultural definida sem propósitos educacionais e em esquecimento de que o objetivo maior da escola e seu maior desafio é melhorar a aprendizagem dos alunos e sua formação, e que tudo o mais que se realiza em seu interior deve ser meio para esse fim. Esquece-se também que o sentido da vida humana são a aprendizagem e o desenvolvimento e que, mediante esse encasulamento – que existe na escola porque existe nas pessoas que a constituem –, seus profissionais deixam de aprender e de desenvolver-se.

Gestores das organizações escolares fechadas deixam de demonstrar atitudes necessárias ao compartilhamento de informações, assim como habilidades de comunicação e liderança compartilhada, percepção clara dos processos culturais presentes na escola e capacidade de dar e receber *feedback*. Em geral, também deixam de demonstrar percepção sobre as consequências do próprio comportamento e modo de atuar sobre as outras pessoas e sobre a escola como um todo. Além disso, manifestam pessimismo acerca da competência das pessoas para assumir responsabilidades, em vista do que retêm informações, recursos e poder, criando em seus colaboradores dependência e sentimento de impotência (CLABAUGH & ROZYCKI, 2008).

Sabe-se que a tendência dos grupos na formação de uma cultura é a da coesão e homogeneidade internas, em vista do que uma organização pode tender a fechar-se em si mesma, na defesa de seus valores, seus interesses, seu modo de ser e de fazer. Nesse caso, constitui-se uma cultura organizacional fechada, com forte resistência a mudanças que ocorrem no mundo exterior. É o que acontece, por exemplo, em escolas que organizam suas unidades colegiadas de participação da comunidade na gestão escolar (conselho escolar, associação de pais e professores, grêmios estudantis etc.) apenas porque são obrigadas a fazê-lo pela legislação ou normas do sistema de ensino. Por falta de uma consciência própria a respeito da importância e necessidade desses colegiados, no entanto, limitam a atuação destes apenas a questões formais, como a realização de reuniões em que são discutidas questões meramente operacionais, de caráter secundário na determinação da qualidade do ensino – portanto, sem repercussões da influência desse grupo e suas decisões na vida da escola. Algumas vezes, como é relatado, resumem a atuação de colegiados à assinatura de relatórios e documentos de formalização da participação.

Culturas fechadas formam um círculo vicioso em seu modo de interpretar a realidade e enfrentá-la, um fenômeno pelo qual geram os fatos em que acreditam e, dessa forma, criam evidências que justifiquem suas crenças, constituindo uma profecia autorrealizadora. Por exemplo, muitos diretores de estabelecimento de ensino julgam que os pais não

Gestão da cultura e do clima organizacional da escola

têm disponibilidade para participar das atividades programadas pela escola. Em consequência, não abrem a escola para eles e, quando o fazem, adotam uma atitude de reserva e desconfiança, permanecendo com "um pé atrás", o que corrobora a imagem inicial feita pelos diretores[16].

---

16. Presenciei certa vez circunstância semelhante. Em uma escola onde realizava trabalho voluntário para o desenvolvimento de professores a partir de processo de assessoria pedagógica, os professores, após muitos debates sobre a qualidade de seu trabalho, concluíram que poderiam melhorá-lo a partir de sua aproximação com os pais dos alunos. Em vez de fazer reunião de pais para pedir apoio dos mesmos ao trabalho da escola, chegaram à conclusão de que, devido às limitações socioeconômicas e educacionais dos pais, estes necessitavam do apoio da escola e não o contrário. Pediram então o apoio da diretora da escola para realizar a reunião, que seria num sábado à tarde, por ser considerado o horário mais favorável para a vinda dos pais à escola. A diretora rejeitou a ideia de reunião, argumentando que no meio da semana os pais não tinham condições de vir e que o sábado era o dia livre das professoras e que, por isso, elas não viriam, pois era seu horário de folga. Mas estas insistiram e, apenas pela insistência, as professoras venceram a argumentação, decidindo-se pela reunião. No dia da sua realização, 15 minutos antes do horário de seu início, estavam cerca de 70% das professoras, à porta da escola, aguardando a diretora chegar para abrir a porta. Ao entrar no pátio do estabelecimento de ensino e ao observar à sua porta que não estavam todas as professoras, demonstrou logo fisionomicamente seu julgamento negativo. Ao chegar junto à porta, ela descarregou: "Eu não disse que não ia dar certo, que não adiantaria? Cadê todo mundo?" A reunião foi realizada, mais professoras chegaram, faltou espaço para comportar todos os pais. A avaliação foi de uma reunião de grande sucesso, pois a maioria dos pais estava lá e todas as professoras presentes (algumas chegaram depois da diretora), depois da reunião geral, chamaram os pais de seus alunos para diferentes salas e procuraram acolhê-los na sala de seus filhos e indicar o trabalho que faziam com eles.

Há, porém, as culturas abertas: aquelas que sendo unitárias e coesas dirigem sua energia na alimentação e cultivo de valores em que o aprender, a renovação e o desenvolvimento são práticas comuns, de modo que estão sempre receptivas a novas experiências, a novos desafios, aceitando a incerteza como parte do processo organizacional da escola e aprendendo muito a partir desse processo. Culturas abertas se renovam continuamente, reforçando, mediante fundamentação mais sólida, suas estruturas e seu valor social. Pode-se afirmar que essas culturas são as verdadeiramente educacionais, pois educação de qualidade é orientada pelo princípio da descoberta, da construção de conhecimentos, do desenvolvimento de novas competências.

Como as escolhas de ação e de posicionamento criam ondulações ao longo dos relacionamentos e do tempo, elas ricocheteiam, criando uma cadeia de outras escolhas e consequências de mesmo sentido, reforçando ainda mais a decisão inicial. Dessa forma, culturas fechadas podem transformar-se em abertas, na medida em que sejam aceitas iniciativas de mudança, ainda que timidamente pequenas e que passam a criar novos espaços e novos horizontes educacionais.

Gestão da cultura e do clima organizacional da escola

Para que uma escola se revitalize na realização de seu trabalho educacional, é fundamental que esteja em contato com o contexto exterior, tanto da sociedade, como condição para atualizar seu currículo e estabelecer conexão entre o que ensina e o mundo real, como para tornar mais dinâmicos seus processos de gestão escolar e pedagógica.

O intercâmbio entre outras escolas, o diálogo entre organizações e instituições da comunidade, seja eventualmente, seja em forma de parceria colaborativa, ajuda a vitalizar a escola, renovar seus ânimos, energizar seus processos, reacender e explicitar seus propósitos, atualizar e inovar seus objetivos, métodos e conteúdos.

É possível afirmar que a falta de diálogo e intercâmbio amplo com a realidade exterior faz com que a escola se escravize a si mesma e cristalize estilos de desempenho pouco eficazes, criando um clima negativo, reativo e uma cultura estagnada. A identificação desses aspectos aponta para indicadores que podem ser focalizados nas ações de melhoria da qualidade do ensino.

5 Funções da cultura organizacional

A cultura organizacional, apesar de ser um processo social dinâmico marcado por uma complexa rede de articulações e interações, tem um caráter de estabilidade e homogeneidade, uma vez que em seu interior ocorre "[...] um alto investimento na autoproteção diante de mudanças que podem ameaçar a estabilidade conquistada ao longo da história" (SENA, 2009: 3). Esse fenômeno é resultado de uma das tendências do ser humano, de busca de equilíbrio e estabilidade, embora também anseie por mudanças.

Estas são desejadas, desde que não sinta ameaça ao já conquistado e garantido. Nessa perspectiva, as naturais resistências a mudanças registradas nas organizações são relacionadas não ao medo do novo, mas ao medo da perda de direitos garantidos, de benesses conquistadas.

Dessa forma, a cultura organizacional constitui-se em uma força coletiva que atua como defesa de interesses, com caráter homogeneizante (CARVALHO, 2006). Conforme indicado por Queiroz et al. (2005: 1876), citando Wagner III, a cultura organizacional atende a "quatro **funções**:

i) dar aos seus membros uma identidade organizacional;

ii) facilitar o compromisso coletivo;

iii) promover a estabilidade organizacional;

iv) moldar o comportamento ao ajudar os membros a dar sentido a seu ambiente."

Essas forças que atuam em favor da homogeneidade e conservação podem, no entanto, no interior das próprias culturas, deixar de ser hegemônicas e, mesmo que a organização resista a mudanças, estas podem ocorrer, ao longo do tempo, seja por influências externas ou até mesmo por movimentos internos de insatisfação. Vergasta, citada por Lima e Albano (2002: 35), afirma a respeito que "a cultura organizacional não é algo pronto e acabado, mas está

Gestão da cultura e do clima organizacional da escola

em constante transformação, de acordo com sua história, seus atores e com a conjuntura".

A formação do clima e construção da cultura organizacional da escola pelos atores do estabelecimento de ensino tem, pois, ao mesmo tempo, uma função de defesa e outra de organização, que funcionam como forças dialéticas, em contínua tensão. Tensão esta que se constitui em energia canalizada para o desenvolvimento da organização escolar e a construção de sua identidade.

A função de defesa se assenta sobre a necessidade de reagir aos frequentes esforços externos, vindos, sobretudo, dos gestores do sistema de ensino a que as escolas estão vinculadas, no sentido de conformá-las a determinados padrões operacionais, à prestação de serviços de caráter geral externamente determinados e definidos pelos agentes do sistema. Essa defesa se torna mais operativa sobretudo quando os atores da escola tomam consciência de que as decisões e iniciativas do sistema de ensino são tomadas sem levar em consideração as diferenças de recursos e de condições de trabalho das escolas, as variações de competência nela existente e também, muitas vezes, o contexto socioeconômico em que a escola está inserida, a sua natureza como uma organização social viva que, segundo os próprios princípios educacionais, conforme corroborado em pesquisa, atua melhor quando envolvida na tomada de decisão sobre seu trabalho.

A função de organização que a cultura organizacional da escola assume tem por objetivo ordenar, no interior da unidade educacional, as relações interpessoais e de poder, a divisão de trabalho, a tomada de decisões, a comunicação, dentre outros aspectos, de modo a garantir a regularidade de processos, o conforto e o bem-estar, tal como percebidos e almejados pelos atores.

E é a efetividade da cultura em servir a essas funções que faz com que seus atores reforcem e mantenham certas características culturais. Daí por que Schein, citado por Thurler (2001: 91), define cultura como sendo a "[...] soma das soluções que funcionaram bem o bastante para acabarem prosperando e serem transmitidas aos recém-chegados como maneiras corretas de perceber, de sentir e de agir".

Conclui-se, por conseguinte, que é necessário aos gestores e líderes escolares estar atentos às características da cultura escolar e aos interesses que as mesmas atendem, de modo a procurar identificar necessidades de desenvolvimento existentes entre os atores da escola e associá-las às mudanças desejadas.

6 A relação entre o individual e o coletivo na cultura organizacional

O conceito de cultura tem sempre como componentes o caráter coletivo e o processo de socialização como elemento de sua tecedura, uma vez que

Gestão da cultura e do clima organizacional da escola

corresponde aos elementos comungados coletivamente pelos participantes da organização social. Torna-se necessário, no entanto, evidenciar que sua constituição é tanto realizada pela ação de pessoas, consideradas individualmente, como a partir da ação de todos sobre o indivíduo. Ocorre, pois, sempre uma relação interativa bidirecional entre indivíduos e grupo na formação, funcionamento e desenvolvimento da cultura. Todos como pessoa vivemos numa cultura e dela nos alimentamos, assim como também a nutrimos com nossos pensamentos, palavras e atos – ou por nossa omissão, que é em si um ato de caráter negativo.

Aquilo que lançamos em nosso ambiente, disso mesmo seremos alimentados via retorno do que foi absorvido pela coletividade. Portanto, se queremos, como deveríamos querer, conviver em um ambiente alegre, entusiástico, produtivo e realizador, desse modo devemos pensar, sentir e agir, pois essas características se espraiam sobre o ambiente, influenciando a existência desses aspectos no mesmo, que posteriormente reverberam a todos os participantes desse ambiente. Com tal entendimento, ao procurarmos criar benefícios para os outros, também os estamos criando para nós mesmos. O princípio subjacente a essa questão é o de que nada pode existir na cultura que não tenha passado, pelo menos subliminarmente, pela mente das pessoas.

Portanto, ao se adotar a perspectiva da cultura organizacional para compreender a dinâmica da escola, adota-se uma lógica de natureza psicossocial e não aquela que reduz as observações ao todo, negando os indivíduos que a constituem. Estes tanto influenciam as forças do coletivo como são influenciados por elas, dependendo essa influência de sua autoimagem, de sua autonomia, competência, liderança e capacidade de enfrentamento de desafios.

> Os comportamentos e desempenho que ocorrem na escola são embasados sobremodo em sua cultura organizacional. Portanto, sua mudança e seu desenvolvimento devem ser associados ao contexto cultural em que estão inseridos.

III
Como o clima e a cultura organizacional são formados na escola

O clima e a cultura organizacional de uma escola são formados ao longo da história do estabelecimento de ensino em sua vinculação externa com a comunidade, e o sistema de ensino de que faz parte, mediante a dinâmica de interações internas, que marca, de maneira indelével, o modo como os desafios, estimulações e demandas são enfrentados, como as pessoas os percebem e como reagem diante deles, dentre outros aspectos.

Essas condições são consideradas culturais quando se expressam segundo certas formas: i) são compartilhadas coletivamente e ii) são expressas de maneira mais ou menos duradoura. Isto é, as pessoas que fazem parte de uma escola comungam dos mesmos valores (ou mesmo de contravalores, do ponto de vista educacional), ideais, perspectivas e expectativas (ou da falta deles), das mesmas orientações de pensamento (ou da falta de orientação), enfim, do

Gestão da cultura e do clima organizacional da escola

mesmo modo de conceber a realidade e seu papel na mesma, assim como da consistência ou inconsistência de ações que traduzam essa concepção.

Nesse embate entre demandas do mundo exterior e características/ações – reações do mundo interior – são criados, inventados e desenvolvidos por grupos na escola, ou até mesmo por todos, pressupostos, crenças, opiniões, discursos, utilizados como forma de adaptação e de lidar com os desafios apresentados, expressos da forma que os participantes da escola julgam ser mais apropriado. Desse modo, vai-se formando no estabelecimento de ensino um acervo cultural próprio, uma lógica própria, um padrão cultural, que são transmitidos para os novos membros da escola e que funcionam como elemento de ajustamento dos mesmos ao novo ambiente.

É válido destacar que esse compartilhamento não implica necessariamente harmonia, pois um traço de uma cultura pode ser a divergência e até mesmo o antagonismo vigente entre grupos de participantes. Há na escola, como de resto em todo tipo de organização, pessoas que variam entre si em múltiplos aspectos, como, por exemplo, interesses, valores, nível e tipo de formação profissional, competências, em vista do que não se pode esperar que haja homogeneidade cultural, sobretudo em escolas de grande porte. Aliás, é importante que se reconheça na diversidade uma circunstância da escola de grande valor educacional. As expressões de diversidade funcionam como oportunidade de aprendizagem para a participação na sociedade e condição para o alargamento de horizontes e de perspectivas para conhecer o mundo de maneira mais ampla e aprofundada.

Como um processo dinâmico, uma cultura é caracterizada também pela flutuação de humores, interesses e tensões (clima organizacional), os quais podem se dissipar e deixar boas aprendizagens sociais, quando bem resolvidos, ou se solidificar e constituir culturas negativas e reativas, quando se radicalizam e deixam de ser usados como circunstância para o desenvolvimento. A propósito, muitos diretores escolares indicam haver em suas escolas a frequente expressão de comportamentos orientados por sentimentos de inveja, ciúmes, desconfiança e fofoca, características de uma cultura negativa e destituída do caráter profissional e educativo de apreciação, reciprocidade, comunicação aberta, que compete à escola e aos seus profissionais promover para criar um ambiente educativo. É importante apontar, a respeito, que muitas vezes essa indicação é apresentada por diretores muito mais como uma queixa e reclamação do que como um reconhecimento de desafios naturais de seu trabalho de gestão e liderança. Essa reclamação, na qual subjaz uma crença de que os problemas são meramente pessoais e não organizacionais, denota também uma atitude de desresponsabilização que contribui para a manutenção e, quem sabe, até

Gestão da cultura e do clima organizacional da escola

para o fortalecimento de uma cultura pouco promissora para o fazer educacional.

Reconhecendo essas características e possibilidades e alertando sobre os cuidados que se deve ter a respeito, os Parâmetros Curriculares Nacionais sugerem que muitas escolas tendem "[...] a ser apenas um local de trabalho individualizado e não uma organização com objetivos próprios, elaborados e manifestados pela ação coordenada de seus diversos profissionais" (MINISTÉRIO DA EDUCAÇÃO, 2001: 48). O reconhecimento de que essas características constituem-se em expressão de um clima ou cultura organizacional e não apenas índole individual de quem as expressa contribui para que se adotem medidas de gestão e liderança na escola como um todo, fortalecendo-a contra as eventuais e, até certo ponto, naturais expressões das mesmas, que passam a ser consolidadas. A criação de ambiente positivo enfraquece e dissipa aquelas tendências.

O que muitos diretores dizem sobre suas escolas? – Que há falta de motivação de seus professores, – que estes faltam muito, – que há conflitos de relacionamento, muitos dos quais latentes, – há falta de comprometimento com a aprendizagem dos alunos, – há falsidade que se traduz por "concordar na frente e fazer e dizer outra coisa por trás" etc.

Ao se prestar atenção ao conjunto de práticas escolares, nesses estabelecimentos de ensino, vai-se observar uma série de situações que explicam tais ocorrências e que não são geradas pelos professores: tomada de decisão centralizada, baseada em opinião de quem a toma; comunicação fechada, ambígua e sem clareza; falta de informações; alteração frequente de decisões tomadas, sem indicações de sua necessidade; falta de *feedback* ao trabalho realizado e, quando é dado, manifesta-se sob a forma de crítica; tomam-se medidas caracterizadas por favoritismos, personalismos e adotam-se "dois pesos e duas medidas" no julgamento de situações, dentre outros aspectos.

Essas condições alertam o gestor para observar que o comportamento é situacional, manifestando-se num contexto, de acordo com suas circunstâncias.

A cultura organizacional é aprendida e formada coletivamente a partir das experiências nas quais um grupo se envolve, na medida da influência de uma liderança, seja ela exercida formalmente, seja informalmente; seja intencional e sistemática, seja espontânea e eventual. A influência orientadora de um modo de ser e de fazer pode ocorrer de maneira espontânea e em nome de valores pessoais, resultando em condições muito comumente criticadas por gestores escolares, ou organizada e intencional em nome de valores sociais e institucionais mediante liderança efetiva com o enfoque educacional.

Compete ao gestor escolar, responsável pela gestão e influência intencional e sistemática sobre a atuação da escola como um todo e suas realizações, portanto, o papel da liderança e coordenação, que consiste em levar seus participantes a focalizar os as-

Gestão da cultura e do clima organizacional da escola

pectos importantes da experiência, identificar suas características, analisar seus resultados sob o enfoque dos objetivos educacionais, orientar o grupo na revisão de seu desempenho, suas competências, hábitos de pensamento, atitudes etc. à luz daqueles objetivos e valores educacionais. Porém, é necessário ter em mente que essa atuação é efetiva quando exercida levando-se em consideração não apenas as condições circunstanciais e ações imediatas, próximas, explícitas e objetivas, mas também e sobremodo em relação com questões subjetivas, interativas, subjacentes e, sobretudo, contextualizadas.

A ausência ou falta de efetividade dessa liderança na escola permite que se forme em seu contexto uma cultura caracterizada por concepções e ações centradas em interesses pessoais e corporativos; por tendências imediatistas e reativas; por senso comum e conservador; por baixo sentido profissional e fraca orientação educativa, em vez de por interesses socioeducacionais com foco no desenvolvimento dos alunos. Os ambientes em que os gestores hesitam ou se omitem em exercer liderança[17] no sentido de ga-

---

17. O desenvolvimento de competências para o exercício da liderança é aprendido e está associado ao desenvolvimento de um conjunto complexo e interativo de conhecimentos, habilidades e atitudes. Há literatura disponível para apoiar essa aprendizagem. O livro *Liderança em gestão escolar*, já referido anteriormente, pontua competências de liderança necessárias ao gestor escolar.

rantir na escola a criação e manutenção de ambiente e práticas educacionais focadas na aprendizagem e formação dos alunos como valor básico passam a ser objeto da criação de regularidades em que interesses individuais ou corporativos têm primazia como um direito funcional, em detrimento dos interesses de aprendizagem e formação dos alunos. Essas características passam então a ser subliminarmente socializadas para os novos membros da escola, que são influenciados a aceitá-las e assumi-las, ocorrendo então o reforço à consistência e à estabilidade do modo de ser e de fazer estabelecido, mesmo que em contradição aos propósitos educacionais, seus fundamentos e diretrizes.

Relato de uma professora nova em uma escola de Ensino Fundamental exemplifica, corroborando essa situação: ao ser removida para uma nova escola, notou que os alunos entravam para as aulas, após o recreio, muito agitados, o que demandava dispensar algum tempo precioso da aula para aquietá-los e deixá-los em condições calmas, que lhes permitissem focalizar atenção adequada no desenvolvimento da aprendizagem. Observando o recreio verificou que o mesmo era desassistido e que os alunos brincavam livremente, correndo de um lado para o outro, brigando, aborrecendo uns aos outros, empurrando etc., resultando ser o recreio um tempo de agitação e até

Gestão da cultura e do clima organizacional da escola

mesmo de molestação ou assédio (*bullying*[18]). Sugeriu então às colegas que realizassem acompanhamento e orientação do recreio, tal como era prática, com bons resultados, na escola de onde vinha. Lá, havia um rodízio de professores de modo que cada dia um professor orientava o recreio e todos colaboravam com grande satisfação nessa atividade, com a qual obtinham bons resultados. Ela era normalmente considerada como parte de suas responsabilidades e as professoras notavam que seu trabalho nas aulas tornava-se não somente mais fácil, como mais efetivo. Ao apresentar a sugestão, a nova professora, no entanto, encontrou enorme resistência e recebeu um sonoroso "não", além de ridicularização, como se não soubesse do que estava falando e estivesse se intrometendo em coisas que não lhe diziam respeito: "esse é um problema da direção da escola e não nosso", disseram os professores. Após mais algumas tentativas de introduzir a nova ideia, realizadas ago-

---

18. "*Bullying* é um termo inglês utilizado para descrever atos de violência física ou psicológica, intencionais e repetidos, praticados por um indivíduo (*bully* ou "valentão") ou grupo de indivíduos com o objetivo de intimidar ou agredir outro indivíduo (ou grupo de indivíduos) incapaz(es) de se defender. No uso coloquial entre falantes de língua inglesa, *bullying* é frequentemente usado para descrever uma forma de assédio interpretado por alguém que está, de alguma forma, em condições de exercer seu poder sobre alguém ou sobre um grupo mais fraco. Também existem as vítimas/agressoras, ou autores/alvos, que em determinados momentos cometem agressões, porém também são vítimas de *bullying* pela turma" (*Wikipedia*, 2010).

ra de forma mais tímida e menos entusiasmada, desistiu dela e se acomodou a fazer como todos os professores faziam: dar suas aulas, sem se incomodar com o que acontecia na escola como um todo, sem a consciência de que todos têm responsabilidade pelo conjunto.

Aquelas condições, no entanto, podem ser alteradas e o são, a partir de líderes comprometidos que orientam a reflexão sobre essas práticas e inspiram valores mais amplos, cuja realização promove o ganho de todos: dos profissionais da escola, por seu sentido de realização, sua aprendizagem em serviço e, portanto, por seu desenvolvimento profissional[19] e pessoal; dos alunos e comunidade, pelos exemplos e experiências positivos que a escola lhes oferece, mediante vivência em ambiente educacional mais condizente com as condições de aprendizagem significativa, e os benefícios que usufruem dessa condição; da comunidade, ao ter como valor uma escola aberta, de credibilidade pelo trabalho de qualidade social que desempenha, fundada na consciência social de todos.

É reconhecido que o poder da cultura organizacional da escola é muito forte na determinação da

---

19. Pesquisas indicam que um dos mais fortes fatores de motivação e diminuição da rotatividade no trabalho são seu desenvolvimento profissional e seu equilíbrio com a dimensão pessoal (QUEIROZ et al., 2005).

Gestão da cultura e do clima organizacional da escola

qualidade do ensino. Identifica-se, por exemplo, que o desempenho de professores é determinado muito mais pelos elementos e características do ambiente cultural do que por oportunidades formais de aprendizagem de novas formas de desempenho em programas de capacitação externos e formais. Também se identifica que se constitui no elemento que condiciona o aproveitamento dos alunos na escola (INSTITUTE OF EDUCATION, 1999; BEST PRACTICE BRIEFS, 2004). Isto é, a vivência cotidiana tem demonstrado ser mais efetiva na determinação de como agem os profissionais em seu trabalho do que por cursos e oficinas de capacitação de que participam, com foco muitas vezes em questões desconectadas de sua prática, e de caráter genérico, formal e distanciado do desenvolvimento de competências.

Sem desqualificar a importância dos cursos externos e formais de capacitação, aliás sempre necessários e válidos para a atualização dos profissionais em Educação, é necessário reconhecer o impacto que a cultura organizacional exerce na conservação do *status quo*. Professores têm indicado que saem de seus cursos entusiasmados e com a firme intenção de pôr em prática suas aprendizagens, mas que, ao chegar à escola, "encontram tudo do mesmo jeito" e não se sentem aptos e capazes de influenciar mudanças em seu trabalho e até mesmo não recebem apoio e orientação dos gestores da escola para implantar e disseminar novas aprendizagens.

Esse fato, portanto, indica a importância de se investir no aprimoramento da cultura organizacional da escola como condição para a melhoria de desempenho de seus profissionais e consequente qualidade do ensino. Destaca-se, ainda, a importância de que os programas de capacitação de profissionais da escola considerem esta dimensão escolar em relação à incorporação de novos desempenhos pelos profissionais, e levem seus participantes a contextualizarem a aplicação de novos conhecimentos e metodologias e o emprego de novas práticas, na perspectiva do clima e cultura organizacional de suas escolas, examinando-as e a seu papel de liderança a respeito.

Segundo essa perspectiva, gestores escolares atentos à melhoria da qualidade em seu estabelecimento de ensino observam, no cotidiano escolar, dentre outras questões: Como são promovidos na escola a comunicação e o relacionamento interpessoal focados na troca de experiências profissionais? Como os professores são envolvidos na discussão de problemáticas organizacionais e educacionais da escola? Que práticas são adotadas para que profissionais incorporem em seu trabalho conhecimentos adquiridos em atividades de capacitação?

1 A formação de subculturas

Embora se possa identificar certos traços predominantes na cultura de uma escola, é possível também observar a ocorrência de subculturas, formadas por subgrupos, como, por exemplo, entre os gesto-

Gestão da cultura e do clima organizacional da escola

res e os professores, entre estes e os funcionários administrativos, entre alunos de diferentes idades, séries e modalidades de ensino. Até mesmo entre os professores de diferentes níveis de ensino, segmentos e áreas, como também de tempo de serviço e nível de formação diferentes, que, por isso mesmo, formam grupos de afinidade e tendem a se isolar dos demais e a formarem acordos tácitos que, pela proximidade, são expressos por meio de comunicações subliminares, de forte poder de influência e de difícil captação para os que não fazem parte do grupo.

A respeito dessa variação, pesquisas sobre clima organizacional da escola que compararam os resultados de percepção entre administradores escolares e professores de um mesmo conjunto de escolas identificaram grande variação entre os dois grupos (NATIONAL SCHOOL CLIMATE COUNCIL, 2010). Por exemplo, os administradores tenderam a relatar percepções muito mais positivas sobre a escola do que as dos professores em um estudo relatado por Cohen (2010). Em um relato de pesquisa sobre clima organizacional, Ames (2007) destaca, dentre outros aspectos, para ilustrar essa diferença, que enquanto 94,6% de administradores de um conjunto de escolas indicaram concordar fortemente que os alunos de sua escola eram capazes de se saírem bem em exames padronizados do sistema de ensino, apenas 77,2% dos professores apresentaram julgamento semelhante. Essa variação sugere a diferença de perspectiva e também a influência na mesma do distanciamento de diretores ao que acontece na sala de aula e como são realizadas as aulas.

Algumas condições contribuem para tornar essas subculturas altamente diferenciadas e isoladas na escola:

• Falta de ou fraca liderança por parte da gestão escolar no sentido da formação de uma cultura, marcadas por valores educacionais gerais e essenciais na orientação do trabalho de todos que atuam no estabelecimento de ensino;

• Falta de oportunidades de entrosamento, comunicação e troca de experiências entre todos os profissionais da escola, em que se mesclem participantes de grupos diferentes;

• Falta de valorização de esforços realizados espontaneamente nesse sentido, por iniciativa dos próprios profissionais;

• Existência de espaços específicos de trabalho para diferentes grupos de profissionais[20].

Destaca-se que, na medida em que o porte da escola se torna maior, ocorre o aumento da tendência

---

20. É comum em nossas escolas reconhecer a separação entre os professores de Educação Física e demais professores. Aqueles trabalham no pátio e não frequentam a sala de professores, o que é considerado natural. Dessa separação e falta de contato resulta também a falta de integração dos objetivos da área na realização do currículo escolar. Por outro lado, a atuação dos funcionários deixa de ter e de receber a orientação pedagógica, sendo o papel dos mesmos reconhecido, em geral, como meramente burocrático.

Gestão da cultura e do clima organizacional da escola

de formação de subgrupos e subculturas pela maior formalização dos processos de ensino. Em referência ao tamanho da escola, é importante destacar que, quanto maior ela for[21], menor é o sentido de companheirismo, pertencimento e compartilhamento que são necessidades naturais do ser humano, em vista do que se isolam inteiramente ou formam grupos menores em que possam vivenciar esses aspectos.

Conforme Rogoff (2007: 267) identifica, diferenças entre subsistemas culturais "apresentam desafios difíceis, especialmente quando os hábitos de uma comunidade entram em conflito com os de outra e são vividos na forma de uma fragmentação problemática". Havendo uma ruptura entre subgrupos, passam a viver uma vida própria, estabelecendo uma identidade independente, como um valor cada um deles em si mesmo, de que resulta não sua contribuição, como deveria ser para a efetividade da escola como um todo, mas o enfraquecimento do papel educacional do conjunto, isto é, a falta de efetividade de todos. Esse fenômeno se observa em escolas onde ocorre disputa por espaço e tempo privile-

---

21. Não existe consenso a respeito do que se constitui uma escola de pequeno, médio e grande portes. Os sistemas de ensino têm frequentemente tratado essa questão à luz de critérios de racionalização de pessoal e não de critérios socioeducacionais. Tendo estes critérios em mente, estudos identificam como sendo de tamanho adequado para o Ensino Fundamental escolas com cerca de 300 a 400 alunos e, para o Ensino Médio, escolas de 400 a 800 alunos (BEST PRACTICE BRIEFS, 2004).

giados, por áreas de disciplina ou por poder de influência por grupos de professores com determinadas características.

Conclui-se, portanto, que, embora haja uma certa tendência à homogeneidade e à coesão cultural em uma organização escolar, ela também é marcada por uma outra força variável em sua influência sobre o todo, caracterizada pela heterogeneidade (MATIAS, 2007). Essa característica é natural em escolas, pois, para que seu trabalho seja realizado, dada a complexidade da educação, torna-se necessária uma estrutura plural, integrada por grupos diferenciados de profissionais. Além do que, é natural a diversidade em toda organização social, pela multiplicidade de pessoas que envolve. Portanto, no contexto da cultura organizacional da escola sempre estará presente uma dialética entre a homogeneidade e a pluralidade, como também entre os valores universais e os valores locais que a tornam particular e a distinguem.

Sanfelice (2006) aponta um conjunto de fatores que explicam as diferenças entre escolas, dentre as quais são destacadas:

i) As escolas são instaladas por motivos diversos, os quais estabelecem o maior ou menor envolvimento ou comprometimento das pessoas com seu trabalho.

ii) O público que frequenta as escolas é muito desigual, mesmo aqueles alunos oriundos de con-

Gestão da cultura e do clima organizacional da escola

dições socioeconômicas semelhantes trazem para o estabelecimento de ensino uma história diferente, assim como expectativas educacionais e valores diferenciados.

iii) As escolas recebem atenção diferenciada das organizações mantenedoras e as políticas educacionais dos sistemas de ensino influenciam-nas de maneira diversa.

Nesse caso, será natural no cotidiano das escolas a presença de tensões e conflitos, originados por formas diferentes de interpretação dos fatos e da realidade, cujo enfrentamento pode criar condições que venham a constituir traços da cultura escolar. Quais os conflitos existentes e como se manifestam? Qual sua repercussão na formação da cultura escolar e na realização do trabalho educacional da escola? Que orientações e princípios existem regularmente instalados na escola para o enfrentamento dos conflitos? Como são enfrentados os conflitos e que aprendizagem ocorre nesse processo? Quais os resultados obtidos nesse processo? Em que medida esse processo tem contribuído para a formação de uma cultura organizacional educativa? Eis algumas questões que devem continuamente fazer parte da orientação mental do gestor escolar, de modo a conhecer sua escola e melhor influenciar seu trabalho.

No trabalho de gestão e liderança é importante manter a diversidade e heterogeneidade cultural, uma vez que a mesma se constitui em condição para melhor atender os interesses e necessidade de formação e aprendizagem dos alunos, que vivem num mundo plural, complexo e em contínua mudança, conforme anteriormente destacado. Porém, é necessário manter o olhar atento no aspecto interativo e integrador dessas energias diversas para dar-lhe unidade a partir do cultivo de valores comuns a todos os participantes e segmentos, valores estes de natureza socioeducacional que superam os interesses individuais e particulares.

2 O papel da liderança na formação do clima e da cultura organizacional

Tendo em vista a formação do clima e da cultura escolar constituir-se em um processo eminentemente social e coletivo, formado a partir de atuações, respectivas aprendizagens e compreensões compartilhadas, efetiva-se a partir da liderança de pessoas que, de alguma forma, exercem influência sobre o grupo, no sentido de que em seu trabalho atue com uma qualidade particular, focalize determinados aspectos, adote princípios de ação específicos, que pense sobre eles segundo um padrão mental particular e que construa referenciais mentais e significados peculiares em relação a eles, além de focalizar metas específicas em suas ações. Esses líderes existem naturalmente ao nosso redor, e todos fomos ins-

Gestão da cultura e do clima organizacional da escola

pirados por suas influências, assim como as exercemos segundo nossas atitudes, posicionamentos e ações/omissões.

Os gestores escolares, considerando-se as expressões ideais de sua atuação, ao assumirem as responsabilidades de seu cargo, passam a ter como inerentes a ele a responsabilidade de liderar a formação de clima e cultura escolar compatível com concepções elevadas da Educação e políticas educacionais, de modo que se promova ambiente escolar estimulante e adequado para a formação consistente e aprendizagem significativa de seus alunos. A partir de atuação nesse sentido, orientam o curso dos eventos e ações; ajudam às demais pessoas a fazerem sentido desses eventos e a retirarem lições das ações em que se envolvem; estabilizam as soluções bem-sucedidas, promovendo sua disseminação; organizam os processos e interações sociais, tornando-os estimulantes. Essa atuação depende, no entanto, de estarem atentos às múltiplas expressões do clima e da cultura organizacional vigentes, de modo a conhecer e compreender sua natureza, seus elementos, sua dinâmica, seus resultados; compreender como as pessoas representam seu trabalho e seu papel na escola, a partir do que orientam sua atuação; compreender os receios e interesses que efetivamente movem a ação das pessoas como se comunicam; e que pressupostos são subjacentes ao que fazem e como atuam, dentre outros aspectos.

Quando um grupo é envolvido em uma experiência organizada de modo a obter sucesso, mesmo que este venha a ser parcial, na medida em que o líder identifica e torna visível esse sucesso e reforça o caráter coletivo dessa realização dá início a um processo de mudança, de orientação cognitiva do grupo para o sucesso, e facilita a criação de uma crença entre os participantes da escola, no sentido de autoria e responsabilidade por seus feitos. Essas circunstâncias têm forte poder motivacional e contribuem para a criação e manutenção de um clima favorável ao desenvolvimento educacional que, continuamente reforçado, passa a se constituir num valor inerente às práticas escolares e, consequentemente, a incorporar-se em sua cultura.

No entanto, paradoxalmente, nem sempre ocorre na escola essa liderança exercida em favor da qualidade do ensino e bem-estar dos alunos, em nome da educação e do papel social da escola. É possível observar, em determinados estabelecimentos de ensino, diretores adotando como sua atuação o exercício típico de papéis burocráticos de controle e cobrança, ou ainda papéis formais de representação do cargo, cuidados com aspectos burocráticos da instituição, sem um esforço deliberado, comprometido e dedicado ao exercício da influência sobre a organização social da escola como um todo e a orientação para a realização dos objetivos educacionais e acompanhamento direto do trabalho pedagógico realiza-

Gestão da cultura e do clima organizacional da escola

do nas salas de aula pelos professores e observação desse processo.

Dessa forma, deixam o espaço da liderança para outras pessoas que, no entanto, podem fazê-lo algumas vezes sem o sentido global da ação educacional e sem uma concepção abrangente da Educação. É comum, por exemplo, identificar que gestores escolares não adotam a prática de assistir aulas como sendo inerente ao seu trabalho, embora essa ação seja imprescindível não só para que possam objetiva e diretamente conhecer como ocorre o processo, como são as relações professor-aluno, alunos-alunos, que situações demandam reforço, mas também para a celebração de práticas de sucessos e para a orientação de sua melhoria, enfim, para que possam contribuir de forma bem informada para a melhoria global do processo ensino-aprendizagem.

Portanto, quando o dirigente escolar atua sobre o modo de ser e de fazer da organização educacional, está efetivamente promovendo gestão escolar, isto é, está mobilizando esforços, canalizando energia e competências, articulando vontades e promovendo a integração de processos voltados para a efetivação de ações necessárias à realização dos objetivos educacionais, os quais demandam a atuação da escola como um todo de forma consistente, coerente e articulada.

Resulta, pois, que a gestão pressupõe atuar sobre crenças, entendimentos, percepções, sentimentos, emoções, motivações, compreensões, significações atribuídas a objetivos, processos, circunstâncias, atividades, que interferem no modo como as pessoas mobilizam sua energia e competências e como canalizam seus esforços no trabalho educacional.

Logo, uma das mais básicas condições para o exercício da gestão e liderança escolar é conhecer e compreender o clima e a cultura da organização. Gestores competentes se debruçam sobre as questões referentes ao clima e à cultura escolar e sobre as condições que criam e sustentam suas manifestações que expressam um conjunto de respostas tácitas, atitudinais e comportamentais aprendidas coletivamente no enfrentamento de desafios. Também compreendem os fatores que mantêm as condições vigentes, assim como as condições mais efetivas para mudá-las, quando este for o caso, e desenvolvem habilidades para fazê-lo.

3 Os valores subjacentes da cultura organizacional da escola

A teia de relações, ações e reações práticas na escola é mantida e explicada por um sistema de valores que mobiliza ou desmobiliza as pessoas para fazer ou deixar de fazer certas coisas e de agir de certo modo. Assim, em uma escola onde as notas são mais reforçadas do que o processo e a evolução da aprendizagem, pode-se inferir que a aprendizagem dos

Gestão da cultura e do clima organizacional da escola

alunos não se constitui em um valor autêntico que reforça o processo de aprender. A mesma coisa ocorre em relação à prática comum de dispensar da frequência às aulas no final do ano os alunos que foram identificados como tendo passado por média, após a divulgação das notas finais, muito antes da efetivação dos 200 dias letivos e das 800 horas-aula mínimas para cada aluno.

Muitas das práticas e decisões tomadas na escola, como as indicadas, são orientadas por um caráter operacional e imediatista, sem a devida reflexão sobre seu significado, a que valores servem e quais suas repercussões em médio e longo prazos sobre a formação dos alunos e a construção da cultura organizacional da escola. Dessa forma, corre-se o risco de construir uma identidade meramente burocrática, incapaz de reforçar e orientar o processo educacional de seus alunos e de contribuir para sua formação para a cidadania, conforme proposto.

Os valores são a alma da escola. Porém, nem sempre os valores educacionais são hegemônicos e os mais fortes na prática escolar, a qual se constitui no espelho da alma da escola. Muitas vezes, valores individualistas, corporativistas é que norteiam as decisões sobre o que fazer e o que deixar de fazer no cotidiano escolar.

O cultivo de valores humanos, sociais e educacionais é uma condição inerente ao processo educacional responsável pela promoção da formação e desenvolvimento de alunos, em vista do que devem ser vivenciados por todos que fazem parte de seu contexto, de modo que a cultura organizacional da escola os expresse continuamente. Por conseguinte, essa situação deve ser um dos importantes focos de atuação dos gestores escolares, cuja liderança é efetiva quando voltada para criar experiências positivas nesse sentido, promover a celebração das boas práticas e evidenciar os valores traduzidos por elas etc.

Em acordo com essa necessidade, escolas definem em seu projeto pedagógico os valores que devem orientar seu trabalho, expondo-os em seu ambiente para que sejam continuamente lembrados e realizam trabalhos especiais para reforçar sua vivência.

> O que as escolas fazem ou deixam de fazer revela um sistema de valores, que são a alma da escola. A explicitação dos valores subjacentes às ações encetadas permite entendê-las e o seu alcance.

4 O que as pessoas pensam orienta a forma como agem

Como a gestão escolar se assenta sobre a capacidade de atuar de modo efetivo em relação ao trabalho de pessoas, é importante compreender que todos "somos o que pensamos". Isso porque, de acordo com nosso pensamento, orientamo-nos para sentir e agir de uma determinada forma, criando e reforçando as condições que nos rodeiam. Quando intensamente pensamos durante muito tempo e, de

Gestão da cultura e do clima organizacional da escola

certa forma, em alguma coisa, mobilizamos nossas energias para realizar o que pensamos e fazemos convergir as condições necessárias para sua realização, por nos organizarmos para perceber e atuar em relação às oportunidades que se apresentam diante de nós, ou que fazemos com que se manifestem. E o pensamento coletivo tem ainda maior poder que o pensamento individual, pois o conjunto é muito maior do que a soma das partes, conforme identificado pela sociologia. Aquilo que assumimos como verdadeiro influencia nossa atuação e nos orienta a reforçar em nosso ambiente os aspectos que expressem essa verdade pensada. O pensamento, por sua natureza dinâmica, tem o poder tanto de restringir como de alargar horizontes, de mobilizar energias em certa direção e desmobilizar em outras, estabelecendo olhares que nos permitem ver ou deixar de ver os sinais e as oportunidades para a realização e a criação de novas condições de atuação ou de vida. O pensamento cria uma corrente psicológica que plasma nossas palavras, nossos gestos e nossas ações. Daí porque constituir-se na base para a mudança do clima e da cultura organizacional.

Reciprocamente esse clima influencia futuros pensamentos, atitudes, comportamentos e ações, uma vez que tendemos a olhar em nosso redor para ver como os outros fazem e procuramos atuar de acordo com o observado, em grande parte das vezes sem nos dar conta disso. Isto porque achamos, conforme é comumente identificado, que a verdade é decidida pelo que a maioria pensa, fala e age, em vista do que julgamos que erram aqueles que não agem de acordo com a maioria (UBALDI, 1986).

É importante compreendermos que as pessoas agem e reagem às estimulações de seu ambiente, de acordo com a representação que fazem dele. Em vista disso, é responsabilidade dos gestores acessarem e interpretarem continuamente essas representações para verificar sua adequação, coerência e consistência em relação ao papel social da escola e a efetivação de sua proposta pedagógica. Desse modo, podem verificar que compreensões e entendimentos necessitam de reforço, aprofundamento, esclarecimento ou correção.

Dentre outros aspectos, pode-se investigar: Como os diferentes segmentos da escola a representam? Há variação de representação entre diferentes segmentos (alunos, pais, professores, funcionários)? Em que se constitui essa diferença? Há variação de representação entre membros de diferentes áreas de atuação pedagógica? Estas são algumas questões que devem instigar os gestores a respeito de como é representada a escola e seu trabalho.

O clima e a cultura existem na subjetividade das pessoas que compõem a escola e a influenciam por seu modo coletivo de pensar, formando uma grande e complexa intersubjetividade. Daí porque mudanças pretendidas na forma de ser e de fazer da escola devam passar, necessariamente, pela atenção ao modo de pensar predominante na escola, expresso nas falas do cotidiano, no que é aceito e no que é rejeitado, no que é valorizado e no que é desconsiderado.

Gestão da cultura e do clima organizacional da escola

Logo, sobre essa intersubjetividade de caráter social compete ao gestor escolar atuar, liderando sua evolução para modos de pensar cada vez mais consistentes com o ideário educacional e superadores de concepções superficiais e fragmentadas. Mediante a mobilização da sinergia coletiva da escola, de modo a constituir uma cultura proativa e orientada para a realização de objetivos educacionais.

5 O papel do discurso na formação e sustentação do clima e da cultura organizacional

Como o pensamento se expressa a partir de discursos, o clima e a cultura organizacional da escola são construídos e sustentados em associação com um discurso que tem o papel de legitimar o pensado, o sentido, o percebido. Nesse processo, criam-se nas escolas lógicas e explicações formuladas em discussões que sustentam as práticas adotadas. É importante reconhecer que o que falamos revela o que pensamos e, pelo discurso, por sua vez, impulsionamos ou cristalizamos nosso pensamento e justificamos nossas ações.

Prestar atenção ao discurso presente na escola, analisando e interpretando seus pressupostos, possibilita revelar elementos importantes do modo de ser e de fazer da escola. Esse exercício pode tornar evidentes as reais intenções de ações e desvelar o que está reprimido ou escondido (LEMPECK, 2007), além de explicitar significados. Compreender o significado do que é expresso pelo discurso representa compreender importante aspecto que, ao mesmo tempo, revela e sustenta o clima e a cultura organizacional da escola e pressupostos subjacentes a suas ações.

Analisemos a seguir algumas dessas questões do discurso, que são reveladoras de enfoques e problemas que contribuem para a ocorrência de prejuízos à qualidade do ensino:

i) Sabe-se que o papel da avaliação é o de conhecer os resultados parciais (avaliação formativa) e resultados globais (avaliação somativa) da ação educativa, de modo que se possam celebrar as aprendizagens promovidas, fazer reforço das que apresentam limitações e realizar revisões do processo de ensino para promover as aprendizagens não alcançadas. No entanto, pode-se concluir que essa função não é exercida quando se analisa o discurso comum de professores: perguntando-lhes o que fazem em relação a trabalhos e testes de alunos, os professores indicam que os "corrigem", o que sugere que assumem o papel de buscar erros e contabilizá-los. Depois de identificados e contabilizados, é atribuída uma nota, que corresponde ao produto final do processo, em vez da identificação de oportunidades de aprendizagem.

Gestão da cultura e do clima organizacional da escola

ii) Um discurso identificado entre professores, na sala de aula, quando desejam solicitar a atenção dos alunos que estão agitados é dizer para eles, em tom ameaçador: "Prestem atenção, que vai cair na prova". Assim se expressando, os professores indicam aos alunos que o importante da atenção é se saírem bem na prova e não aprender.

iii) Outro discurso identificado é: "Se vocês ficarem quietos e prestarem atenção, vou passar um trabalho para ajudar na nota". Com essa afirmação, os professores explicitam uma manipulação do comportamento do aluno, o uso de mecanismo de controle para obter sua atenção (em vez de metodologia e organização interessantes da aula) e, novamente, que o importante é ter boa nota, cuja obtenção não depende da aprendizagem efetiva dos alunos. Esta representação é também identificada quando os alunos solicitam ao professor que "passe um trabalho para melhorar a nota" ou ainda quando pergunta ao professor, quando este passa um trabalho ou exercício para fazer em casa, se o mesmo vai valer nota.

Os professores, portanto, podem passar mensagens diametralmente opostas ao sentido que deve ter seu trabalho e não se darem conta dos efeitos de seu discurso sobre as atitudes dos alunos em relação aos estudos, que podem ser o reflexo das mensagens subliminares dos professores.

IV
O desenvolvimento da cultura educacional na escola e os desafios de mudança da cultura organizacional

O estudo da cultura organizacional da escola emerge como uma necessidade a partir da observação de que há elementos internos diferentes entre escolas e que elas apresentam um modo diferenciado de funcionar, apesar de serem orientadas pelo mesmo sistema de ensino, o qual procura pautar as escolas para que realizem as políticas educacionais por ele definidas e pela legislação educacional. Todas essas propostas apresentam um padrão único e homogêneo para todas as escolas do sistema envolvido, a partir de sua responsabilidade de garantir igual qualidade de ensino para todos, em respeito ao princípio democrático. Por conta disso, as escolas deveriam ser mais parecidas do que são, pelo menos em relação ao nível de qualidade do ensino, podendo variar o estilo de sua realização.

Há que se reconhecer, portanto, duas perspectivas culturais: uma da cultura organizacional da escola, marcada por sua vida interna, suas idiossincra-

Gestão da cultura e do clima organizacional da escola

sias, seu modo de ser e de fazer orientado por valores, percepções tendências internas de interpretação de fatos, objetos, palavras, ideias, e outra, a cultura educacional, delineada formal e explicitamente em concepções políticas e planos educacionais de âmbito macro e externos à escola.

Desse modo, o âmbito da escola constitui-se em ambiente marcado por uma contínua tensão entre o ideal proposto pela legislação, por políticas educacionais, normativas e orientações oficiais, e o real pensado e representado nas escolas pelos que fazem seu cotidiano, a partir de como percebem seus desafios e o próprio papel, assim como o da escola, em relação a eles.

1 Diferenças entre cultura organizacional e cultura educacional e suas articulações

Cultura organizacional

Conjunto de crenças, valores, opiniões, percepções da realidade em suas diversas expressões, que se manifesta no modo de ser e de fazer da escola e que traduz sua personalidade. Representa o que a escola realmente é, pelo que realmente faz.

Cultura educacional

Conjunto de princípios filosófico-sociológico-pedagógicos delineados fora da escola para realizar objetivos educacionais traçados pela sociedade e processos educacionais planejados por profissionais da Educação no âmbito de sistemas de ensino e dos órgãos de legislação educacional.

Observa-se que, quanto menos profissionalizado é o conjunto de pessoas que atuam na escola, maior distância tende a existir entre os âmbitos de cultura organizacional e cultura educacional. Isto é, nessas circunstâncias o modo de ser e de fazer da escola é mais orientado por sua lógica interna e por interesses pessoais e corporativos ou lógicas imediatistas de senso comum e caráter reativo, e menos por objetivos de médio e longo prazos voltados para a formação dos alunos segundo métodos e concepções de ensino explícitos e claramente entendidos e absorvidos na prática de todos. Isso pode ocorrer apesar de na escola existir um discurso que demonstre o conhecimento das propostas educacionais, já que a existência desse discurso não representa, necessariamente, sua compreensão plena e a incorporação na prática da escola, em seu modo de ser e de fazer.

Vale dizer que uma das condições para aproximação e promoção da convergência entre cultura organizacional da escola e cultura educacional consiste na elevação da competência educacional coletiva dos profissionais da escola, em especial dos professores, envolvendo seu entendimento a respeito das implicações dos fundamentos, diretrizes, conteúdos, métodos e técnicas aprendidos com suas práticas, assim como a análise das práticas reais em relação às propostas. A figura 2, a seguir, representa o espaço dessa convergência, que se constitui naquele em que as ações educacionais são mais autênticas e, portanto, mais efetivas. É aquele espaço em que o modo de ser e de fazer da escola é impregnado de valores e concepções educacionais bem fundamentadas, expressos por métodos consistentes e coerentes. Sabe-se que há também aqueles espaços em que existe um discurso educacional elevado, mas as ações não correspondem ao representado em tal discurso. E também outros espaços em que se manifestam o senso comum, o espontaneísmo, imediatismo, clientelismo e individualismo, distanciados de qualquer ideário efetivamente educacional.

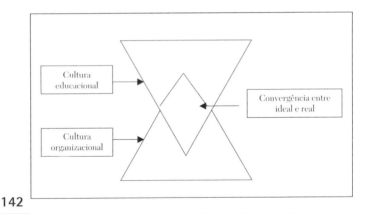

Figura 2 - **Convergência entre cultura educacional e cultura organizacional**

Na medida em que ocorre a interconexão entre essas culturas, tanto as propostas levam em consideração a cultura organizacional como esta incorpora os valores educacionais.

	Cultura educacional	Cultura organizacional
Origem	Externa à escola	Interna à escola
Âmbito e abrangência	Macro	Micro
Natureza	Tendência à homogeneidade.	Tendência à diversidade.
Expressão	Em ideias, planos, políticas de educação.	No modo de ser e de fazer da escola, em ações cotidianas.
Representação	Ideal	Real
Valores	Formais, elaborados a partir de estudos filosóficos, reflexões. Nomotético	Tácitos, formados no embate das problemáticas. Idiossincrático
Influência exercida	Forças cognitivas, coerência e consistência de ideias.	Forças emocionais e psicossociais, coerência e consistência de percepções.

Ao se identificar as expressões do clima e da cultura organizacional da escola, o que se pretende é compreender a realidade, de modo a melhor atuar sobre ela. Isso porque se reconhece não ser possível desconsiderar como as pessoas agem coletivamente e com regularidade em seu cotidiano ao se realizar a gestão escolar, assim como procurar influenciar a escola para assumir determinadas ideias e tomar determinados rumos, sem entender seus processos so-

Gestão da cultura e do clima organizacional da escola

ciais, e os valores, interesses, percepções e representações que orientam suas ações. Portanto, quanto maior o nível de consciência que se tenha na escola sobre as forças que atuam de forma subjacente e escondida no ambiente escolar, e sobre aqueles aspectos que não se coadunam com os fundamentos, princípios, valores e diretrizes educacionais, mais e melhor se pode estabelecer na escola as condições necessárias para que o estabelecimento de ensino possa transformar-se e superar os enganos e limitações que porventura ocorram e estejam atuando de forma a cercear os resultados pretendidos pelo trabalho educacional.

A gestão escolar é, pois, processo que envolve a articulação entre a realidade e as propostas educacionais, de modo a superar as limitações existentes no rumo da realização de propostas educacionais, que, por sua vez, sofrem ajustamentos e adequações no processo de sua implantação e implementação.

2 Como são as práticas em escolas efetivas

Reitera-se, assim, ser fundamental ter em mente que cultura é aquilo que é cultivado continuamente. Em vista disso, o que é cultivado na escola em seu dia a dia corresponde à sua cultura organizacional: se a orientação para a qualidade do ensino como prática diária for cultivada, essa será a cultura organizacional observada. Se forem orientadas, praticadas, monitoradas e avaliadas continuamente ações de focalização na aprendizagem como um processo dinâmico, interativo e complexo em que essa aprendizagem é entendida como associada à construção de significados e transformação pessoal, essas condições passarão a incorporar-se na cultura organizacional da escola, por continuidade e reforço.

Para tanto, é necessário que os gestores levem consideração características de processos pedagógicos que tornem efetivo o ambiente escolar, do ponto de vista da realização dos objetivos educacionais. Uma cultura educacional positiva, capaz de garantir maior aprendizagem dos alunos e sua formação, é marcada por certas características, conforme identificadas em inúmeros estudos. É importante ter em mente que, embora a cultura organizacional seja um conceito global e abrangente, são pequenos atos que constituem o todo, sendo cada um deles de grande relevância em relação à qualidade do processo educacional e seus resultados. Seguem, pois, algumas das características mais identificadas como responsáveis pela qualidade do ensino.

i) Os atores escolares agem de forma alinhada com valores, diretrizes, princípios, objetivos, metas educacionais claros, continuamente discutidos e analisados.

Em escolas onde é observada excelência de qualidade educacional, nota-se que os valores, diretri-

Gestão da cultura e do clima organizacional da escola

zes, princípios e objetivos educacionais são definidos claramente e conhecidos por todos, sendo continuamente reexaminados à luz de avaliações do trabalho realizado. Esse ideário se faz presente no projeto pedagógico da unidade de ensino, sendo explicitadas as implicações de ação de todos e cada um na escola, para que sejam colocadas em prática. Sua análise e discussão se realizam a partir de contínuo monitoramento das ações e os objetivos que as mesmas promovem, visando identificar os aspectos e resultados que necessitam de revisão.

Continuamente, portanto, é observada a interação entre as proposições, as ações e os resultados fomentados na realização do proposto.

ii) *A formação dos alunos e sua aprendizagem são considerados e assumidos como a razão de ser da escola, de seus profissionais, e o foco de todas as suas decisões e ações.*

Escolas de qualidade, conforme identificado em pesquisas educacionais, são aquelas em que a formação dos alunos e sua aprendizagem são o foco autêntico de seu modo de ser e de fazer. Para tanto, a aprendizagem é considerada como um valor inerente ao modo de ser e de fazer da escola e vivenciada por todos em seu trabalho. Isto é, a aprendizagem supera as propostas pedagógicas da escola e seu discurso, e se constitui como um espírito que se respira e sente em todas as práticas escolares. Nesse caso, o importante não são as notas que o aluno obtém em avaliações, mas o que ele aprende e incorpora como um valor em sua vida.

Para tanto, decisões são tomadas tendo em vista a possibilidade de medidas correspondentes contribuírem para os benefícios pretendidos em relação aos alunos, a partir de uma prática contínua de avaliação como *feedback*, para verificar as aprendizagens que precisam ser reforçadas, as que precisam ser celebradas e as que precisam ser revistas.

iii) A escola oferece um ambiente acolhedor, organizado, limpo, ordeiro e estimulador.

O processo educacional depende de ambiente propício à experimentação, ao espírito da descoberta, à participação, assim como um ambiente onde tudo funcione bem e com segurança para garantir aquelas práticas. Portanto, as escolas onde os alunos mais aprendem e se desenvolvem cuidam continuamente de sua limpeza e organização, da manutenção da qualidade de seu espaço e de seus materiais e equipamentos. Também zela pela disciplina como uma circunstância de respeito recíproco entre professores e alunos, alunos e alunos, professores e funcionários, gestores e toda a comunidade escolar. Esse respeito é praticado pela aceitação de diferenças, assim como pelo sentido de inclusão dessas di-

Gestão da cultura e do clima organizacional da escola

ferenças, ao mesmo tempo em que por hábitos de saber ouvir, de dar espaço para falar, aprendendo-se a fazê-lo de forma socialmente produtiva. A respeito da disciplina, destaca-se a importância de contínua orientação para o relacionamento dos alunos entre si, a fim de se evitar brincadeiras de mau gosto ou agressivas, humilhações, agressões físicas ou verbais, que geram um sentimento de insegurança na escola.

iv) Os professores demonstram elevadas expectativas em relação à aprendizagem dos alunos e em seu papel em promovê-la.

A expectativa elevada de professores pela aprendizagem dos alunos tem-se demonstrado como um dos fatores mais significativos na relação professor-aluno e na forma como se dirige a todos e a cada um dos alunos, reforçando e estimulando sua aprendizagem, ou deixando de fazê-lo. Pesquisas identificam que já na primeira semana de aula os professores afirmam saber quais são os bons alunos que terão sucesso e quais os alunos que fracassarão no final do ano. E, de fato, isso ocorre, referendando o prognóstico feito pelos professores. Pesquisas realizadas a partir de observação extensiva e exaustiva em sala de aula identificaram que, a partir de expectativas diferenciadas sobre a aprendizagem dos alunos, os professores os conduzem ao sucesso ou ao fracasso por ações sutis e de significado subjacente muito intenso. Essa condição cultivada se constitui como uma "profecia autorrealizadora" (BLOOM, 1981) determinante dos resultados esperados.

É, pois, identificado que, quando o professor tem elevadas expectativas em relação aos alunos, adota uma série de atitudes, comportamentos e expressões em relação a esses alunos que os motiva e incentiva a dedicar-se mais à aprendizagem. Por outro lado, quando suas expectativas são baixas ou negativas, o professor tende a empregar em relação aos alunos objeto dessas expectativas atitudes, comportamentos e expressões de omissão, rejeição, desconsideração etc., que fazem com que o aluno deixe de participar das aulas e, em consequência, venha a fracassar.

Verifica-se que além de o professor cultivar elevadas expectativas no tocante à aprendizagem de todos os seus alunos, precisa cultivar elevadas expectativas de que pode orientar os alunos a esse sucesso, superando as adversidades e dificuldades que estes venham porventura a apresentar. Todas as turmas apresentam alunos com dificuldades maiores de aprendizagem e comportamentos dispersivos e até mesmo rebeldes. Trabalhar com esses desafios demanda que o processo os assuma e se considere capaz de fazê-lo, em vez de apenas transferi-los para a direção da escola ou para o pedagogo escolar. Por outro lado, é importante que a direção e pedagogos orientem e apoiem o professor nesse enfrentamento e no desenvolvimento de competências necessárias para tal fim.

Gestão da cultura e do clima organizacional da escola

v) É cultivado entre os profissionais da escola o respeito mútuo associado a um sentido de responsabilidade, comprometimento e colaboração pela melhoria conjunta de seu trabalho.

Outra característica de escola de qualidade, onde os alunos aprendem, é o clima organizacional tranquilo, amistoso, em que os adultos colaboram entre si para integrar suas diferentes atuações, de modo a garantir aos alunos melhor e maior aprendizagem. Mediante a demonstração do sentido de responsabilidade e comprometimento os profissionais apresentam lições efetivas de desempenho escolar adequado para todos e procuram integrar seu trabalho com o dos demais colegas, além de compartilhar suas inovações e boas experiências para que também aprendam com elas.

vi) A escola é marcada por um processo de comunicação aberto e dialógico.

O termo "comunicação" vem do latim *communis*, que significa "comum". Pela comunicação, isto é, pelo processo de troca de informações, ideias, expectativas, opiniões, conhecimentos, sentimentos, impressões, dentre outros aspectos, pode ser construído um entendimento comum, que permite a unidade de propósitos e ações, o estabelecimento de sinergia entre as pessoas, a integração de seu trabalho, de modo que maximizem em conjunto seus esforços, em vez de pulverizá-los em ações desencontradas.

A falta de comunicação gera boato, fofoca, uma vez que ocorre naturalmente o preenchimento de espaços vazios com o imaginado. Dessa forma, perde-se qualidade no ambiente escolar. A responsabilidade pela gestão da escola, portanto, representa a responsabilidade pela qualidade do processo e da rede de comunicação que ocorre na comunidade escolar, de modo a orientá-la, a fim de que represente fenômenos sociais educacionais e produtivos.

A gestão da comunicação é, pois, um cuidado contínuo dos gestores escolares, e ela envolve, dentre outros aspectos, como as pessoas se comunicam, quais os conteúdos mais frequentes dessa comunicação, o que é expresso verbalmente e o que não é, como são as comunicações subliminares (gestos, expressões fisionômicas, tons de voz, olhares etc.), em que medida são utilizadas comunicações indiretas, quem se comunica mais amiúde com quem e com quem deixa de se comunicar. Estes são alguns aspectos a serem observados na comunicação escolar.

Gestão da cultura e do clima organizacional da escola

vii) A escola cultiva relacionamento integrador com as famílias de seus alunos.

A integração família-escola foi identificada como um fator de grande impacto nos resultados de aprendizagem dos alunos. Escolas em que os pais participam mais, os alunos aprendem mais. Isso porque, mediante essa participação, os pais demonstram aos filhos que valorizam sua aprendizagem, têm mais condições de acompanhar os estudos de seus filhos e também de acompanhar o trabalho da escola e dele participar. E isso a família pode fazer, mesmo que tenha baixa escolaridade ou mesmo que os pais sejam analfabetos.

O mote popular "é o olho do dono que engorda o boi" pode ser aqui aplicado. O distanciamento dos pais em relação à atuação da escola funciona como uma falta de estímulo e também de atenção ao trabalho de seus profissionais. Por outro lado, os alunos, ao perceberem esse distanciamento, interpretam-no como uma falta de valorização ao trabalho da escola e de seus resultados.

O distanciamento existente entre pais e escola gera uma condição que os alunos sabem explorar e manipular, contribuindo para a criação de uma zona de desconforto e até mesmo de desconfiança entre pais e escola. Não é incomum os filhos indicarem aos pais que tiraram notas insatisfatórias porque "o professor está me perseguindo", "o professor não ensinou direito" etc. Nestas circunstâncias, quando os pais não estabeleceram relacionamento com a escola, tendem a condenar os professores ou o filho, em vez de, a partir de um relacionamento de confiança (que só é possível com a interação e conhecimento), procurar a escola para analisar o problema existente e buscar dar-lhe melhor encaminhamento.

viii) Os profissionais da escola adotam práticas de contínua experimentação de novos processos e metodologia de trabalho, de modo a torná-lo mais estimulante para os alunos.

A variação das condições de estímulo à aprendizagem constitui-se em uma das competências fundamentais do trabalho do professor, assim como da organização do ambiente escolar. A variação de exercício, de estimulação visual, de métodos de trabalho pedagógico é inerente à qualidade de ensino, sempre focados em envolver mais intensamente os alunos nesse processo. Para tanto, essa variação deve ser promovida de modo que os alunos possam participar não apenas de sua organização, quando possível, mas sempre de sua efetivação. Os princípios do método ativo e de descoberta levam os professores a reinventar continuamente novas estratégias de envolvimento cognitivo com o objeto de aprendizagem.

Gestão da cultura e do clima organizacional da escola

ix) A gestão escolar reforça continuamente o sentido de missão, visão da escola e valores educacionais elevados, de modo a manter sua equipe focada por unidade de trabalho.

A necessária unidade no ensino em torno de um entendimento comum sobre seu trabalho se assenta sobre a definição do ideário que sustenta este trabalho, que é sumarizado pela sua proposta clara de missão[22], visão[23] e valores[24] da escola. Essas proposições se fazem presentes no Plano de Desenvolvimento da Escola e são, em geral, afixadas em murais ou quadro de aviso nas salas de aula, corredores da escola e sala de professores, além de servirem como lembrança no trabalho cotidiano, sobre a orientação geral do trabalho a ser realizado na escola. Porém, assim como o remédio deixado no vidro não faz efeito, também as frases feitas nos cartazes pouco repre-

---

22. A missão é uma declaração de propósitos ampla e duradoura, que individualiza a escola e seu trabalho, e distingue sua razão de ser em relação a outros estabelecimentos de ensino do mesmo tipo. Ela exprime a razão de ser da escola, contribuindo para explicitar o significado de suas ações, seus objetivos e definir o sentido maior a que ela se propõe.

23. A visão orienta a escola numa meta de longo prazo, criando um compromisso consigo própria no intento de atingir o propósito declarado. Ela define a posição que a escola pretende ocupar no futuro no contexto de uma área definida de atuação, e como pretende ser vista nesse contexto.

24. Os valores são princípios intemporais que guiam a escola e servem para nortear o comportamento dos docentes, funcionários, colaboradores e alunos da unidade escolar.

sentam para a qualidade do ensino se o que expressam não for incorporado nas ações. Logo, é necessário que seu sentido seja representado nas práticas de todos os que assumem a responsabilidade educacional na escola, e isso pode ocorrer mediante o estudo das implicações desse ideário nas ações objetivas dos mesmos.

x) Os alunos percebem que são valorizados e que os adultos se sentem felizes com seu esforço e sua aprendizagem.

A valorização dos alunos ocorre na medida em que sejam reconhecidos como pessoas, com suas diferenças individuais que não apenas são aceitas, mas são também reconhecidas por apresentar demandas por variações metodológicas e de ritmo de ensino, assim como variações capazes de promover a manutenção de sua motivação para aprender. Essa valorização está associada ao desenvolvimento de uma autoimagem positiva pelo aluno, que deve ser o sentido da educação, pois, ao desenvolver aprendizagens significativas, o aluno se sente mais competente e autoconfiante.

xi) Os alunos se sentem bem na escola e gostam de frequentá-la.

Gostar da escola e ter vontade de frequentá-la é o resultado de todo o conjunto de condições ante-

Gestão da cultura e do clima organizacional da escola

riormente apresentadas e muitas outras[25]. Pesquisas de satisfação dos alunos em escolas efetivas indicam que a maior parte deles expressa grande satisfação pelo convívio na escola, com as aulas, o relacionamento interpessoal com os professores e demais profissionais da escola, assim como com o convívio com os colegas. Sentem-se felizes porque sentem que são respeitados como pessoas, que os adultos se interessam por eles e que as experiências educacionais em que são envolvidos são significativas para seu desenvolvimento pessoal.

Levando em consideração as doze características apresentadas, os gestores escolares têm um con-

---

[25]. A Escola Estadual Dom Bosco, em Lucas do Rio Verde, Mato Grosso, foi selecionada como Escola Referência Nacional em Gestão Escolar, mediante avaliação realizada pelo Prêmio Nacional de Referência Nacional em Gestão Escolar, coordenado pelo Consed – Conselho Nacional de Secretários de Educação. Nessa escola, em diálogo com alunos e pais, foi identificado que o prazer dos alunos em participar das atividades da escola era muito grande. Uma mãe de aluna, membro do Conselho Escolar e muito atuante, indicou que começou a se envolver com as atividades escolares e a colaborar com sua gestão a partir do interesse de sua filha pela escola: "Comecei a vir à escola para saber o que havia nela, pois minha filha queria estar aqui o dia inteiro, não parava mais em casa. Quando vi os projetos de pesquisa de que participava no Clube de Ciências, entendi por que e fiquei tranquila e feliz. Agora sei que minha filha recebe educação de qualidade. Aqui ela é feliz e realizada ao desenvolver conhecimentos e habilidades em contato com a realidade da cidade dela. Seu futuro será melhor por isso. E todos os pais que percebem como a escola envolve os alunos em projetos educacionais de grande valor educacional desejam que os mesmos tenham continuidade e os apoia".

junto de aspectos aos quais devem prestar atenção, no cotidiano escolar, dentre muitos outros, a fim de construírem em sua escola um ambiente educacional promissor não só para o atendimento imediato das necessidades educacionais diárias dos alunos, mas também para a criação de um clima e cultura organizacional mais próximos do ideário educacional libertador, em que os alunos se realizam como pessoas e como cidadãos. O Anexo 1 apresenta um questionário para a avaliação da cultura organizacional da escola que pode contribuir para a realização de estudos sobre como se apresenta a cultura escolar, segundo a percepção de seus participantes.

> "Escola é [...] o lugar onde se faz amigos. Não se trata só de prédios, salas, quadros, programas, horários, conceitos [...]. Escola é, sobretudo, gente, gente que trabalha, que estuda, que se alegra, se conhece, se estima. O diretor é gente, o coordenador é gente, o professor é gente, o aluno é gente, cada funcionário é gente. E a escola será cada vez melhor na medida em que cada um se comporte como colega, amigo, irmão. Nada de ilha cercada de gente por todos os lados. Nada de conviver com as pessoas e depois descobrir que não tem amizades a ninguém, nada de ser como o tijolo que forma a parede, indiferente, frio. Importante na escola não é só estudar, não é só trabalhar; é também criar laços de amizade, é criar ambiente de camaradagem, é conviver, é se 'amarrar' nela! Ora, é lógico [...]. Numa escola assim vai ser fácil estudar, trabalhar, crescer, fazer amigos, educar-se, ser feliz."
>
> Paulo Freire. *Discutindo o conceito de escola* [Disponível em http://www.moodle.ufba.br/mod/resource/view.php?id=9579 – Acesso em 02/01/10].

Palavras finais

É lugar comum afirmar que vivemos num mundo em constante mudança, determinada, dentre outros aspectos, por inovações tecnológicas, pela dinâmica das intercomunicações, pelo acentuado nível de aspiração por melhoria contínua de organizações, grupos sociais e pessoas, pelo espírito inquisidor e desbravador do ser humano.

Desse modo, mudança é a marca do empreendimento humano e, conforme é comumente afirmado, não existe nada mais constante no mundo atual do que a própria mudança. Como consequência, a promoção de mudança nos processos educacionais e nas organizações de ensino, bem como do próprio sentido da educação, constituem-se em uma necessidade, de modo que as escolas promovam a formação e aprendizagem dos alunos com características tais que lhes possibilitem enfrentar os desafios da sociedade contemporânea com as competências adequadas e necessárias. Aliás, é esse processo de mudança que determina a necessidade de educação permanente e contínua atualização de competências para todos.

Gestão da cultura e do clima organizacional da escola

Com tais percepções em mente, como também mediante o reconhecimento de que, em nosso país, a qualidade geral do ensino vigente se apresenta em nível inferior à demanda apresentada na sociedade, os gestores educacionais continuamente propõem mudanças nas políticas educacionais dos sistemas de ensino que dirigem e nas orientações ao trabalho da escola. "Mudar é preciso" – esta é a tônica de cada novo governo e de cada nova equipe gestora do ensino. No entanto, tem-se observado que as mudanças propostas raramente chegam a produzir resultados positivos. Algumas vezes, contrariamente, chegam apenas a "desestabilizar o que estava dando certo", conforme afirmado por um diretor de escola a respeito dessas iniciativas.

Por que as propostas de inovação e mudanças dos sistemas de ensino deixam de dar resultados positivos, apesar dos gastos e esforços despendidos? Estudos têm identificado que isso ocorre porque em sua elaboração são ignorados a existência e o papel do clima e da cultura organizacional da escola – vale dizer, é ignorada a própria escola, pois ela é uma cultura (INSTITUTE OF EDUCATION, 2007) Isso posto, as propostas de inovações e mudanças apresentadas pelos sistemas de ensino que ignoram e desconsideram em seu delineamento e implementação o clima e a cultura organizacional da escola estão fadadas ao fracasso.

Conforme ficou explicitado, muitas das ações dos sistemas de ensino são inócuas e resultam apenas em cristalização de comportamentos reativos por parte dos atores das escolas, tendo em vista a tendência de tomarem medidas *sobre* a escola e não *com* a escola, definirem e imporem para a escola medidas educacionais sem envolver as unidades de ensino nesse processo de tomada de decisão, desse modo desconsiderando não só os princípios da gestão democrática, que demanda e envolve a descentralização da tomada de decisão, mas também as condições do clima e da cultura organizacional das escolas.

O esforço por implantar e implementar nos estabelecimentos de ensino novas metodologias, novos currículos, novas tecnologias, novas práticas de avaliação, por exemplo, têm demonstrado sua ineficácia quando tem faltado nesse processo a compreensão de que o mesmo não será incorporado automaticamente pelas unidades educacionais. Todos esses aspectos serão filtrados por crenças, valores, hábitos, interesses, interpretações, significados e percepções formados ao longo do tempo. E na medida em que não se encontrar uma afinidade ou congenialidade entre aqueles aspectos da escola e as propostas do sistema, estas serão rejeitadas. E quanto mais antigos, mais arraigados forem aqueles elementos, menos receptividade e maior rejeição em relação ao que contraste e confronte com o modo de ser e de fazer estabelecido na escola.

Não têm, pois, as novas propostas o poder de interpenetrar automaticamente no modo de ser e de fazer da escola e se constituem, nesse caso, em experiências meramente formais e superficiais, em práticas exercidas sem espírito, sem comprometimento, sem determinação. Analogicamente se pode afirmar que o esforço por tal implantação corresponderia ao trabalho de derramar azeite em água, que permanecem separados, apesar do esforço por agitarem-se ambos para se misturarem. O interessante é que, na troca de equipes de gestores de sistemas de ensino, as novas equipes de gestores julgam, analogicamente falando, que o problema está no tipo de azeite utilizado pela equipe anterior, e que, a partir dessa compreensão, decide mudar a quantidade, variedade ou tipo de azeite.

Estudos têm identificado que essas propostas só são eficazes na medida em que levam em consideração os processos, elementos e características do clima e da cultura organizacional da escola e a atuação dos atores nos mesmos (THURLER, 2001). E a melhor maneira de fazê-lo é envolver esses atores em um método participativo de análise desses processos, elementos e características, de modo a identificar seu potencial, ou eventual limitação, em relação a aspirações, expectativas e referenciais mais amplos e de melhoria, isto é, de possibilidades de mudanças evolutivas ou incrementais, conforme o caso.

Quando esse envolvimento não acontece, o resultado natural é a mobilização tácita e implícita, consciente ou inconsciente dos atores em reação aos esforços externos. Como se sabe, a cultura tem um papel de promover estabilidade e proteção e, dessa forma, tende a promover reação a tudo que seja considerado ameaçador ao bem-estar comum, ao conforto conjunto, às práticas regulares. Nesse sentido, sem um processo de apropriação das novas ideias e sua interiorização na cultura organizacional escolar, perdem-se os esforços realizados para sua mudança.

Conforme já pontuado esparsamente neste trabalho, o clima e a cultura organizacional da escola podem apresentar características negativas e contraproducentes no que concerne aos fundamentos e objetivos educacionais, de tal maneira que estejam distantes da cultura educacional necessária para a formação e aprendizagem dos alunos. Em muitas circunstâncias, é possível reconhecer a existência de um fosso entre o real e o ideal. Estudo realizado por Benno Sander (1977: XXXII) identificou que essa distância entre o ideal e o real é próprio de sociedades denominadas de prismáticas, marcadas por forte teor de formalismo, tal como identificado na sociedade brasileira, onde ocorreria a tendência à "importação e adaptação de modelos formais nas diversas áreas do conhecimento e da atividade humana sem que exista uma estrutura de apoio real, uma superestrutura cultural e uma infraestrutura socioeco-

Gestão da cultura e do clima organizacional da escola

nômica e tecnológica capazes de utilizá-los" – vale dizer, de uma cultura de apoio.

Assim, Sena (2009: 3) apresenta várias características demonstrativas de uma estrutura funcional e cultura rígidas, desfavoráveis ao fazer educacional, integrando de forma sintética os resultados mais amplos de estudo apresentado por Thurler, a quem cita como base de sua apresentação:

"a) A organização do trabalho é rígida, levando cada professor a proteger seu horário, seu território, suas especializações, seus direitos e até a distribuição temporal de seus encargos;

b) As relações entre os profissionais são mínimas, sustentadas por um individualismo, com pouco espaço para possíveis discussões sobre a perfomance [sic] profissional do grupo;

c) A cultura dessa organização é permeada por profissionais que desenvolvem um conjunto de rotinas de forma autônoma a serem assumidas individualmente e sem momentos de reflexões coletivas;

d) A capacidade de se projetar no futuro através de planos fica limitada a uma pequena parte de professores. A maior parte desses profissionais prefere aderir a projetos redigidos em uma lógica de tomada de poder por uma minoria interessada;

e) Há uma autoridade burocrática, rígida, conduzida individualmente pelo diretor da escola;

f) O espaço da escola é tomado como um estabelecimento para o trabalho com obrigações de resultados, segundo normas de autoridade, e não como uma organização que poderia ser um espaço instrutor."

É também identificado que tais características podem estar mais ou menos intensamente e, pelo menos, parcialmente expressas em grande número de escolas, criando uma cultura escolar marcada pela inércia e transferência de responsabilidade pelos destinos educacionais de seus alunos, em associação a rotinas escolares que cerceiam a promoção do desenvolvimento educacional de seus alunos, em vez de realizá-la.

Há, porém, escolas que demonstram um clima e uma cultura organizacional de clara orientação educativa, caracterizada pelo entusiasmo conjunto no sentido de ajudar os alunos a aprenderem, por atuarem de maneira participativa na resolução de seus problemas e desafios diários, por superarem suas limitações de recursos, por se abrirem à comunidade e procurarem aprender e melhorar seus processos educacionais continuamente. Experiências positivas de gestão com tais características podem ser encontradas na revista *Gestão em Rede*, do Consed[26].

---

26. A revista é publicada desde setembro de 1997, alcançando, em novembro de 2009, seu número 98.

Gestão da cultura e do clima organizacional da escola

Também seus números especiais sobre experiências de sucesso, identificadas pelo Prêmio Nacional de Referência em Gestão Escolar (CONSED, 2004, 2005, 2006, 2007, 2008, 2009).

É possível verificar, nos itens arrolados por Sena e anteriormente descritos, que todos eles dizem respeito às responsabilidades de liderança e gestão do diretor da escola: organização do trabalho, relações interpessoais e desempenho profissional; rotina de trabalho, visão de futuro e de conjunto, disseminação de autoridade e poder, orientação do ambiente de trabalho.

Do ponto de vista da gestão, é importante ter em mente que é de responsabilidade dos gestores contribuírem para que as escolas assumam valores e perspectivas educacionais proativas e empreendedoras de orientação da aprendizagem e formação dos alunos e que, para fazê-lo, cabe-lhes se debruçar sobre o material humano social que constitui a escola, seus processos e história devidamente contextualizada, isto é, sua cultura e seu clima organizacional. Sabe-se que a cultura, embora tenha por tendência um caráter conservador e duradouro, como é aprendida e desenvolvida socialmente, é também mutável e, de fato, muda sempre, embora, muitas vezes, seus membros não se deem conta das transformações que ocorrem em seu interior. Conforme indicado por Matias (2007: 2), "a cultura organizacional está em constante formação e aperfeiçoamento, adaptando-se a alterações no meio ambiente e aos distintos problemas internos".

Um conjunto de mudanças e desvelamentos teórico-conceituais associados a um novo paradigma orientador da percepção e ação sobre a realidade motivou a focalização da atenção sobre os fatores socioculturais das organizações, assim como sobre sua dinâmica e complexidade. Essa condição tem provocado a demanda de um olhar e atenção orientados por novas ferramentas teórico-metodológicas, novas compreensões e novas competências, para o enfrentamento da complexa rede de processos, ações e reações promovidos por pessoas carregadas de motivações e interesses próprios, emoções e cargas de sua vivência pessoal, estilos e competências diferenciados de comunicação, tal como ocorre na escola.

Em contínua interação, o conjunto das pessoas que constituem a escola traz para dentro dela o aporte de sua vivência e formação pessoal e profissional, e os impregna no fazer dos processos socioeducacionais e no enfrentamento de seus desafios, contribuindo, dessa maneira, para formar, ao longo da vida da escola, sua história, seu clima e sua cultura.

Portanto, realizar gestão escolar representa atuar na escola como um todo, incorporando aquela dimensão como importantíssima no delineamento de novas ações pretendidas. Representa estabelecer articulação entre todos os seus elementos estruturais e funcionais, ideais e reais, materiais e sociais, de modo que, por sua interação dinâmica focada em superação de limitações, sejam oferecidos aos alunos ambiente e experiências educacionais pelos quais possam receber a melhor formação possível e aprender a aprender, aprender a fazer, aprender a conviver e aprender a ser, formação essa que lhe dá condições para enfrentar com sucesso e qualidade os desafios de uma sociedade em mudança.

Considerando que a escola é um organismo sociocultural e que a educação é também um processo humano social, a gestão escolar somente é possível a partir de uma compreensão dessa dimensão escolar, a qual corresponde ver a escola como organização sociocultural viva, cheia de regularidades e idiossincrasias, marcada por nuances, muitas vezes imperceptíveis aos olhos não preparados para tal percepção, ou viciados de tal forma pela regularidade de sua ocorrência que se tornam incapazes de explorar seus significados e expressões de tensão e conflitos, de jogo de poder, de aceitações e rejeições, de conteúdos manifestos e escondidos, e até mesmo de conteúdos escamoteados. Ou, ainda que as perceba, mas de maneira prejulgadora que rejeita de plano tais manifestações, deixando de considerar como próprias do tecido social e também como condição para seu desenvolvimento.

A escola é essencialmente marcada pela diversidade, pluralidade e complexidade, em vista do que a redução de sua gestão à aplicação formal de diretrizes, planos, normas e regulamentos não oferece condições de sucesso além do operativo. Aliás, é importante destacar, essa atuação representaria administração e não gestão escolar. A transformação das práticas vigentes na escola demanda, para que ganhem *status* cada vez mais comprometido com diretrizes, valores e objetivos educacionais plenos, a consideração dos processos socioculturais e dos desdobramentos de toda sua complexidade, devidamente contextualizados.

Fazer gestão supera de longe, por conseguinte, a simples aplicação de normas e regulamentos, a transferência de modelos formais prontos, na expectativa de que serão naturalmente recebidos e facilmente aplicados. Muitos gestores ficam indignados com o fato de que a comunidade escolar não age segundo as determinações estabelecidas, e a eles transmitidas, e até mesmo as decididas em reuniões de professores. Simplesmente interpretam tal ocorrência como falta de colaboração. Porém, deixam de explorar as condições que levam a essa condição. Como foi realizado o processo de decisão? Todos foram envolvidos na análise de informações e circunstâncias envolvidas? Houve análise das implicações de mudanças e necessidades de novas ações em relação à decisão tomada? Como todos e cada um se sentiam em relação a essas

Gestão da cultura e do clima organizacional da escola

mudanças? O processo de gestão envolve a consideração de questões como essas, de modo a se poder, de maneira bem informada e esclarecida, fazer avançar o processo educacional.

Destaca-se, no entanto, que compreender os elementos culturais da escola não representa aceitá-los legitimamente tal como são. Isto é, identificar a realidade tal como é, como uma condição válida em si mesma. Ela é genuína, mas pode não corresponder ao ideário educacional da escola e estar a serviço de interesses menores. Representa sim, compreender as condições que criam esses elementos, seus significados e também o que os mantêm, de modo a poder superar as limitações que porventura venham a apresentar.

Como processo, a cultura organizacional da escola é formada no enfrentamento dos desafios cotidianos, no embate das interações da escola com as demandas do sistema de ensino a que pertencem, com as demandas da comunidade, com suas estruturas internas formais e organização funcional. Esse enfrentamento é orientado por um acervo de competências funcionais dos participantes da comunidade escolar, em vista do que a possibilidade de melhoria desse enfrentamento exige o desenvolvimento de competências profissionais vinculadas ao contexto de trabalho. Essa questão impõe, portanto, a revisão de programas de capacitação inteiramente descontextualizados do trabalho realizado nas escolas.

É importante destacar que, muitas vezes, erroneamente, considera-se a cultura de forma determinista e definitiva. Afirma-se: "isso é cultural", significando: "não adianta querer mudar, é assim que somos". Porém, é necessário compreender que a cultura, embora tenha um caráter de estabilidade, é mutável. Como uma expressão social dinâmica, a cultura se molda no embate dos desafios do cotidiano, criando novos significados e novos entendimentos sobre o fazer educacional, podendo esses significados ser continuamente mudados, estabelecendo mudanças culturais. Como um artefato social, a cultura é dinâmica e mutável, sujeita a influências organizacionais internas e externas.

Como a escola existe para cumprir objetivos da sociedade, a formação e evolução de sua cultura devem servir a propósitos elevados, superiores aos interesses meramente pessoais daqueles que atuam na organização escolar, em vista do que o esforço contínuo dos gestores escolares deva ser a orientação da cultura escolar como um todo para orientar-se por valores educacionais elevados.

Cabe alertar, por último, que a atuação do gestor escolar ocorre não necessariamente no clima e na cultura organizacional da escola, como um todo, mas num campo de tensões e conflitos entre o que a escola é e o que deve ser, entre grupos diferentes, o que demanda o desenvolvimento de competências e abertura para essa atuação como inerente a seu trabalho.

Gestão da cultura e do clima organizacional da escola

Por fim, é destacado que o campo de reflexão sobre o clima e a cultura organizacional demanda muitas contribuições de pesquisa para seu desenvolvimento. Cada equipe de gestão escolar poderá dar início a esse trabalho.

> "As escolas, para encontrarem sua verdadeira identidade, devem se transformar em centro de investigação, buscando soluções próprias, contextualizando todas as suas dimensões, interagindo social e comunitariamente" (PEREIRA, 2007: 88).

Referências bibliográficas

AGATTI, Antonio P.R. (1977). *Os valores e os fatos*. São Paulo: Ibrasa.

ALEXANDRE, Marcos (2004). "Representação social: uma genealogia do conceito". *Comum*, vol. 10, n. 23, jul.-dez., p. 122-138 [Disponível em http://www.facha.edu.br/publicacoes/comum/comum23/Artigo7.pdf – Acesso em 15/11/08].

AMES, Mark (2007). *New School Climate Survey Reveals Differences Between Administrators and Teachers* – NASSP Government Relations Manager. Maio [Disponível em http://hostingpro.com/www.principalpolicyblog.org/blog/2007/05/new_school_c – Acesso em 18/01/10].

BISOGNIN, Marcelo; NICOLAU, Alessandro S. & GRACIOLI, Clarissa (s.d.). *Estudo de caso*: clima organizacional de uma instituição de ensino [Disponível em http://www.facape.br/controladoria/1/Estudo_de_caso_clima_organiz_de_uma_instituicao_de_ensino.pdf – Acesso em 02/01/10].

BENNIS, Warren G. (1997). *Líderes e lideranças*. Rio de Janeiro: Campus.

BEST PRACTICE BRIEFS (2004). *School Climate and Learning*, n. 31, dez.

Gestão da cultura e do clima organizacional da escola

BLOOM, Benjamin (1981). *Características humanas e aprendizagem*. Porto Alegre: Globo.

CANCIAN, Renato (s.d.). "Blumer e o estudos das interações sociais". *UOL Educação* [Disponível em http://educacao.uol.com.br/sociologia/interacionismo-simbolico-fundamentos.jhtm – Acesso em 15/08/09].

CAMPOS, Keli C.L. (2002). "Análise do clima organizacional do Curso de Psicologia de uma universidade comunitária". *Psicologia Escolar e Educacional*, vol. 6, n. 2, dez., p. 123-131.

CARVALHO, Renato G.G. (2006). "Cultura global e contextos locais: a escola como instituição possuidora de cultura própria". *Revista Iberoamericana de Educación*, n. 39/2 [Disponível em http://www.rieoei.org/1434.htm – Acesso em 16/11/09].

CERTEAU, Michel de (2007). *A invenção do cotidiano* – Artes de fazer. Petrópolis: Vozes.

CLABAUGH, Gary K. & ROZYCKI, Edward G. (s.d.). *The School as an Organization* [Disponível em http://www.nwfoundations.com/OrgTheory/Schoolas Org.html – Acesso em 25/11/08].

CLAWSON, Elmer U. et al. (1976). "A Framework and Strategy for Examining Environmental Values". In: NATIONAL EDUCATION ASSOCIATION OF THE UNITED STATES. *Values Concepts and Techniques*. Washington, D.C.: NEA.

CODA, Roberto (1997). *Psicodinâmica da vida organizacional*: motivação e liderança. São Paulo: Atlas.

COHEN, J. (s.d.). *Evaluating and Improving School Climate*. [s.l.]: National Association of Independent Schools [Disponível em http://www.nais.org/publications/ismagazinearticle.cfm?ItemNumber=150284 – Acesso em 12/01/10].

CONSED (2009). *Escolas-referência nacional em gestão, ciclo 2008-2009: experiências de sucesso* – Prêmio Nacional de Referência em Gestão Escolar. Brasília: [s.e.].

_____ (2008). *Escolas-referência nacional em gestão, ciclo 2007-2008: experiências de sucesso* – Prêmio Nacional de Referência em Gestão Escolar. Brasília: [s.e.].

_____ (2007). *Escolas-referência nacional em gestão, ciclo 2006-2007: experiências de sucesso* – Prêmio Nacional de Referência em Gestão Escolar. Brasília: [s.e.].

_____ (2005). *Escolas-referência nacional em gestão, 2005: experiências de sucesso* – Prêmio Nacional de Referência em Gestão Escolar. Brasília: [s.e.].

_____ (2004a). *Escolas-referência nacional em gestão, 2004: experiências de sucesso* – Prêmio Nacional de Referência em Gestão Escolar. Brasília: [s.e.].

_____ (2004b). *Escolas-referência nacional em gestão, 2003: experiências de sucesso* – Prêmio Nacional de Referência em Gestão Escolar. Brasília: [s.e.].

DEAL, Terrence E. & KENNEDY, Allan A. (2000). *Corporate Cultures.* Nova York: Perseus.

DEBLOIS, Claude & CORRIVEAU, Lise (1994). "Organizational Culture of Secondary Schools and Students' Academic Progress". *Bulletin Crires*, vol. 1, n. 2, abr.

Gestão da cultura e do clima organizacional da escola

DELORS, Jacques et al. (1999). *Educação*: um tesouro a descobrir. 3. ed. São Paulo: Cortez/Unesco/MEC.

Enciclopédia do Gestor (s.d.). "Cultura organizacional" [Disponível em http://www.reciprhocal.com.br/rr/verbete1.htm p. 2 – Acesso em 16/03/07].

FRITZEN, Silvino (2006). *Janela de Johari* – Exercícios vivenciais de dinâmica de grupo, relações humanas e de sensibilidade. 22. ed. Petrópolis: Vozes.

GALVÃO, Izabel (2004). *Cenas do cotidiano escolar* – Conflito sim, violência não. Petrópolis: Vozes.

INSTITUTE OF EDUCATION (1998). "Research Matters". *The School Improvement Network Bulletin*, n. 9.

LEMPEK, Maria I. (s.d.). *Dialógica organizacional*: discurso, cultura e clima [Disponível em http:///www.geocities.com/eureka/8979/lempek.htm?200716 – Acesso em 16/03/07].

LIMA, Susi M.B. & ALBANO, Adriana G.B. (2002). "Um estudo sobre clima e cultura organizacional na concepção de diferentes autores". *Revista Ccei-Urcamp*, vol. 6, n. 10, ago., p. 33-40.

LINDHAL, Ronald (s.d.). *The Role of Organizational Climate and Culture in the School*: a Review of the Knowledge Base [Disponível em http://www.cnx.org/content/m13465/latest/ –Acesso em 02/12/08].

LÜCK, Heloísa (2010a). *Liderança em gestão escolar*. 4. ed. Petrópolis: Vozes.

_____ (2010b). *Gestão educacional*: uma questão paradigmática. 5. ed. Petrópolis: Vozes.

HELOÍSA LÜCK

LUZ, Ricardo (1996). *Clima organizacional*. Rio de Janeiro: Qualitymark.

MATIAS, Ana M.P. (s.d.). *Cultura organizacional* [Disponível em http://www.ipv.pt/forummidia/5/16.htm – Acesso em 16/03/07].

MINISTÉRIO DA EDUCAÇÃO (2001). *Parâmetros curriculares nacionais* – Introdução aos parâmetros curriculares nacionais. 3. ed. Brasília: SEF.

MORAES, Gilberto de (s.d.). "Entrevista". *Facioli in Revista* [Disponível em http://www.facioliconsultoria.com.br/mostra_conteudo.asp?conteudo=5494 – Acesso em 03/01/10].

NATIONAL SCHOOL CLIMATE COUNCIL (s.d.). *The Schools Climate Challenge*: Narrowing the Gap between School Climate Research and School Climate Policy [Disponível em http://nscc.csee.net/ – Acesso em 12/01/10].

NATZKE, Joyce (2001). "Capitalizing on the Differences in Organizational Culture in and Among Lutheran High Schools". *Charis*, vol. 1, n. 1, mar. [Disponível em http://www.charis.wlc.edu/publications/charis_spring01/natzke.pdf – Acesso em 20/10/09].

NÓVOA, Antônio (s.d.). *Para uma análise das instituições escolares* [Disponível em www2. dce.ua.pt/docentes/ventura/ficheiros/documpdf/antonionovoa.pdf – Acesso em 27/01/10].

OFFICE OF EDUCACIONAL RESEARCH AND IMPROVEMENT (1990). *The Principal's Role in Shaping School Culture*. [s.l.]: US Department of Education [Dis-

Gestão da cultura e do clima organizacional da escola

ponível em http://www.130.94.183.233/educ/cultur.txt – Acesso em 02/01/10].

PEREIRA, Maria A.F. (2007). "Uma abordagem da história das instituições educacionais – A importância do arquivo escolar". *Educação Unisinos*, 11 (2), mai.-ago., p. 85-90 [Disponível em www.unisinos.br/publicaçoes_cientificas/imagens/stories/Publicacoes/educacaov 11n2/085a090_edu11(2)_art03dossi_pereira.pdf – Acesso em 02/01/10].

POL, Milán et al. (2007). "Em busca do conceito de cultura escolar – Uma contribuição para as discussões atuais". *Revista Lusófona de Educação*, vol. 10, p. 63-79.

QUEIROZ, Marcos A.C. (2005). "Gestão de pessoas e clima organizacional: práticas adotadas pelas empresas brasileiras para a valorização dos colaboradores". *Anais do XXV Encontro de Engenheiros de Produção*, nov. p. 1.873-1.880.

ROGOFF, Barbara (2005). *A natureza cultural do desenvolvimento humano*. Porto Alegre: Artmed.

SANFELICE, José L. (2006). "História, instituições escolares e gestores educacionais". *Revista HISTEDBR On-line*, n. esp., ago., p. 20-27 [Disponível em www.histdebr.fae.unicamp.br/art422e.pdf – Acesso em 27/01/10].

SANTOS, Áureo dos (2005). *A prática da liderança*. Petrópolis: Vozes.

SCHEIN, E. (1992). *Organizational Culture and Leadership*. São Francisco: Jossey Bass.

SANDER, Benno (1977). *Educação brasileira*: valores formais e valores reais. São Paulo: Pioneira.

SENA, Paulo S. (s.d.). A *força do mito da inovação na cultura organizacional escolar* [Disponível em http://www.lo.unisal.br/nova/estagio/arquivos/aforca_do_mito_paulo.pdf – Acesso em 27/01/09].

SILVA, Flora C. (s.d.). *Duas abordagens para o estudo da história das instituições escolares* [Disponível em www.alb.com.br/anais16/sem07pdf/sm07ss05_03.pdf – Acesso em 27/01/10].

SOUZA, Neusa M.M. (2004). "Análise das políticas oficiais em instituições escolares: lacunas entre proposições e práticas". In: SOCIEDADE DE ESTUDOS E PESQUISAS QUALITATIVAS. *Anais do II Seminário Internacional de Pesquisa e Estudos Qualitativos*. Bauru [Disponível em http://www.sepq.org.br/IIsipeq/anais/pdf/gt4/08.pdf – Acesso em 16/11/09].

THOMPSON, John B. (1998). *Paul Ricoeur*: Hermeneutics and the Human Sciences. Cambridge: Cambridge University Press.

THURLER, Monica G. (2001). *Inovar no interior da escola*. Porto Alegre: Artmed.

TORRES, Leonor L. (2007). "Cultura organizacional escolar: apogeu investigativo no quadro de emergência das políticas neoliberais". *Educação e Sociedade*, vol. 28, n. 98, jan.-abr., p. 151-179.

_____ (2005). "Cultura organizacional no contexto escolar – O regresso à escola como desafio na reconstrução de um modelo teórico". *Ensaio* – Avaliação e políticas públicas em Educação, vol. 13, n. 49, out.-dez., p. 435-451.

Gestão da cultura e do clima organizacional da escola

UBALDI, Pietro (1986). *Problemas atuais*. 3. ed. Rio de Janeiro: Fundação Pietro Ubaldi.

UOL educação (s.d.). "Sociologia – Interacionismo simbólico: fundamentos" [Disponível em http://educacao.uol.com.br/sociologia/interacionismo-simbolico-fundamentos.jhtm – Acesso em 17/08/09].

Wikipedia (s.d.). "Hermenêutica" [Disponível em http://pt.wikipedia.org/wiki/Hermen%C3%Autica – Acesso em 12/01/10].

_____ (s.d.). "Teoria do Desenvolvimento Organizacional" [Disponível em http://educacao.uol.com.br/sociologia/interacionismo-simbolico-fundamentos.jhtm – Acesso em 08/01/10].

_____ (s.d.). "Bullying" [Disponível em http://pt.wikipedia.org/wiki/Bullying – Acesso em 02/01/10].

WILSON, Michael (2007). *Managing Organisational Culture, Managing Change*: Towards an Integral Framework of Analysis [Texto apresentado no Seminário Developing Theory in Organizational Research and Practice in Educational Settings. Leeds, jun. – Disponível em http://www.education.leeds.ac.uk/research/uploads/75.doc –Acesso em 22/10/09].

Anexos

Anexo 1
Questionário de avaliação da cultura organizacional da escola

Há, em todas as escolas, um modo de ser e de fazer que é determinado pela ação conjunta de todos que dela participam. Esse modo constitui sua cultura organizacional, que corresponde a um fator importante na determinação da qualidade do trabalho escolar. Conhecê-lo consiste em condição para identificar os aspectos necessários para sua melhoria e identificar caminhos para o exercício da gestão escolar.

A fim de contribuir para esse conhecimento, classifique os itens abaixo relacionados, indicando o nível de sua concordância em relação à medida que cada um dos aspectos representados ocorre em sua escola. Utilize a seguinte escala:

4 – concordo plenamente

3 – concordo parcialmente

2 – discordo parcialmente

1 – discordo plenamente

Sua atenção a respeito da veracidade de cada pontuação é muito importante. Os dados serão tra-

Gestão da cultura e do clima organizacional da escola

balhados em conjunto e utilizados no grupo para a compreensão do modo de ser e de fazer da escola, visando identificar aspectos a serem melhorados.

Item	Pontuação			
	1	2	3	4
1. Os resultados finais obtidos na escola, pelo trabalho de cada um, dependem do trabalho de todos.				
2. Todos na escola atuam imbuídos de uma grande expectativa no sentido de melhoria do trabalho escolar conjunto.				
3. Os participantes da escola costumam reforçar suas relações interpessoais, fazendo comentários positivos e sugestivos de melhoria sobre seu trabalho, de modo a facilitar a integração do trabalho de todos.				
4. Há, na escola como um todo, uma mobilização para vencer desafios, superar problemas e limitações e melhorar o trabalho.				
5. Os participantes da escola demonstram orgulho em trabalhar nela e motivação em realizar esse trabalho.				
6. Boatos e fofocas são raros na escola e são desconsiderados.				
7. Na escola, cuidamos para que exista uma boa relação interpessoal.				
8. Há uma expectativa de que a escola seja líder em oferecer educação de qualidade em sua região.				

9. O relacionamento entre as pessoas na escola é caracterizado, em geral, por colaboração e solidariedade.				
10. Em geral, os funcionários da escola trabalham em equipe e cooperativamente.				
11. Adota-se na escola a prática de dar *feedback* ao funcionário sobre seu desempenho.				
12. Os funcionários conhecem os objetivos e planos da escola e realizam seu trabalho de acordo com esse conhecimento.				
13. Problemas que perturbam a qualidade de serviços e trabalhos educacionais são resolvidos rapidamente.				
14. Os funcionários sentem-se reconhecidos por seus esforços.				
15. A escola atende as necessidades de capacitação de seus funcionários e professores.				
16. Os padrões de qualidade adotados na escola são conhecidos e seguidos por todos.				
17. As decisões, em geral, são tomadas com base em informações objetivas sobre a realidade escolar.				
18. Os acontecimentos e ações da escola são divulgados regularmente por meios de comunicação acessíveis a todos.				
19. Na escola existe um estado de ânimo positivo e elevado.				
20. Em geral, os funcionários e professores da escola sentem-se motivados em seu trabalho.				

Gestão da cultura e do clima organizacional da escola

Item	Pontuação			
	1	2	3	4
21. Os funcionários e professores da escola demonstram interesse em aprender e melhorar seu trabalho.				
22. O trabalho da escola é muito bem organizado.				
23. O ambiente escolar é agradável, acolhedor e muito bem cuidado.				
24. Na escola, tem-se por hábito o compartilhamento de novas práticas, a troca de experiências e a sistematização de conhecimentos pedagógicos para melhorar o ensino.				
25. Iniciativas são acolhidas como importantes para a melhoria do trabalho da escola.				

Anexo 2
Avaliação de características da cultura escolar

Avalie o ambiente de sua escola a partir dos pares de características listados a seguir, marcando com X o número que mais se aproxima da situação em sua escola. Por exemplo, em relação ao par união – desunião, 2 à direita do 0 corresponderia a uma incidência mediana de desunião, embora não total e muito distante, portanto, de desunião; 1 à esquerda de 0 corresponderia à ocorrência de um certo ambiente de desunião, porém próximo de união. 0 indicaria não ocorrer tendência alguma, seja para união ou desunião.

Trata-se de um exercício de reflexão sobre sua escola, a fim de poder compreender como ela se encontra em relação a aspectos importantes de seu clima e de sua cultura organizacional. Se lhe ocorrer observações específicas a respeito desses aspectos, registre-as no quadro em branco reservado para esse fim. Essas observações poderão ilustrar como e por que são registradas certas ocorrências.

Característica	Identificação de ocorrência							Característica
Aceitação à diversidade	3	2	1	0	1	2	3	Rejeição à diversidade
Agitação	3	2	1	0	1	2	3	Calma
Alegria	3	2	1	0	1	2	3	Tristeza
Atividade	3	2	1	0	1	2	3	Inércia
Autoritarismo	3	2	1	0	1	2	3	Ambiente democrático e participativo
Barulho/ruído	3	2	1	0	1	2	3	Silêncio
Compromisso	3	2	1	0	1	2	3	Descomprometimento
Compartilhamento	3	2	1	0	1	2	3	Isolamento
Cooperação/ espírito de equipe	3	2	1	0	1	2	3	Individualismo
Comunicação aberta e disseminada	3	2	1	0	1	2	3	Comunicação fechada, formal e restrita

Descentralização	3	2	1	0	1	2	3	Centralização
Engajamento	3	2	1	0	1	2	3	Omissão
Entusiasmo	3	2	1	0	1	2	3	Apatia
Formalidade	3	2	1	0	1	2	3	Informalidade
Ineficácia	3	2	1	0	1	2	3	Eficácia
Nível elevado de aspiração em relação a seu trabalho	3	2	1	0	1	2	3	Nível baixo de aspiração em relação a seu trabalho
Organização	3	2	1	0	1	2	3	Desorganização
Otimismo	3	2	1	0	1	2	3	Pessimismo
Proatividade	3	2	1	0	1	2	3	Reatividade
Produtividade	3	2	1	0	1	2	3	Improdutividade
Renovação contínua	3	2	1	0	1	2	3	Conservadorismo/permanência
Responsabilidade assumida como própria	3	2	1	0	1	2	3	Transferência de responsabilidade
Respeito	3	2	1	0	1	2	3	Desrespeito

Característica	Identificação de ocorrência							Característica
Tolerância	3	2	1	0	1	2	3	Intolerância
União	3	2	1	0	1	2	3	Desunião
Valorização	3	2	1	0	1	2	3	Desvalorização
Visão de futuro	3	2	1	0	1	2	3	Visão do passado

Comentários

Conecte-se conosco:

f facebook.com/editoravozes

⊙ @editoravozes

𝕏 @editora_vozes

▶ youtube.com/editoravozes

☎ +55 24 2233-9033

www.vozes.com.br

Conheça nossas lojas:

www.livrariavozes.com.br

Belo Horizonte – Brasília – Campinas – Cuiabá – Curitiba
Fortaleza – Juiz de Fora – Petrópolis – Recife – São Paulo

EDITORA VOZES LTDA.
Rua Frei Luís, 100 – Centro – Cep 25689-900 – Petrópolis, RJ
Tel.: (24) 2233-9000 – E-mail: vendas@vozes.com.br